梅兰芳纪念馆

Mei Lanfang Memorial

带你走进博物馆

SERIES

梅兰芳纪念馆 编著

文物出版社

目录

Contents

一、小小梅兰初绽放

梅蘭芳紀念館

二、兰馨四溢

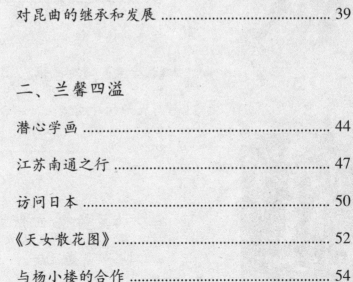

Mei Lanfang Memorial

三、梅兰精神 永世留芳

梅蘭芳纪念馆

赠　言

　　未成年人将要承担中华民族伟大复兴的重任。关心未成年人的健康成长，关心他们的思想道德的建设是我们每个人的责任。各类博物馆不仅是展示我国和世界优秀历史文化的场所，也是未成年人学习知识、培养情操的第二课堂。

　　让这套丛书带你走进博物馆，让博物馆伴随你成长。

国家文物局局长 单霁翔

2004 年 12 月 9 日

一、小小梅兰初绽放

带你走进博物馆

祖父梅巧玲

梅兰芳出生在一个梨园世家，他的祖父梅巧玲就是一位著名的京剧演员。清道光二十二年（1842），梅巧玲出生在江苏泰州一个雕花木匠家中，生活困苦，幼年时被迫过继给苏州城里一江姓人家做义子，从此跟家里失去联系。他寄人篱下，稍有过失，不是挨骂就是挨打，受尽皮肉之苦。11岁又被转卖到苏州福盛班学艺，遭到班主杨三喜更为狠毒的虐待。幸好遇到第二位师傅罗巧福，罗巧福看他为人忠厚老实，聪明勤快，对他另眼相待，生活上给他很好的照顾，教戏时也细心指点。梅巧玲天资聪颖，学戏刻苦，进步飞快。按当时的规矩，青衣、花旦戏路不同，不许兼演，而才艺双全的他打破了这种狭隘的界限划分，拓展了旦角戏路，还从身段、表情、台步及扮相等方面大胆革新，很受观众欢迎。梅巧玲的成名剧目是《雁门关》，他扮演的萧太后雍容华贵，每回出场，台下的观众都拍手叫绝，称其为"活萧太后"。清同治、光绪年间，他与其他十二位京剧名伶并称"同光十三绝"，成为京剧形成初期第一代著名的旦角演员。

走红不久，梅巧玲就接管了四喜班。他性情温善，待人宽厚，十分尊重同行，对学

祖父梅巧玲

梅巧玲饰萧太后照

脚，他便悄悄地到后台将钱包塞进他们换下的鞋子里。有位同乡好友家境衰落，欠了许多债，其中也有梅巧玲的钱。这位朋友病亡后，梅巧玲赶去吊唁。致唁礼毕后，在死者家属惊疑的注视下，他取出债据在灵前点燃，瞬间化为灰烬，并送上了一笔丧葬费用，才挥泪告别，在场的人都为他的慷慨而感动了。梅巧玲的种种义举广为流传，从而被人们尊称为"义伶"。

梅巧玲自幼学戏，没有受过正规系统的文化教育，但他并不甘心做一个只知唱戏的演员。在学戏、演戏的空闲时间，他勤学善问，刻苦自修，终于成为一位既能演戏又善书法，更能鉴赏金石、古玩、字画的学识广博的艺术家。光绪八年（1882），梅巧玲逝世于北京，终年40岁。梅兰芳虽没有见过祖父梅巧玲，但祖父为人处事的宽厚遗风和高尚品德却都继承下来了。

徒晚辈关怀备至，从不苛待。对个别生活困难的同业，他更是用特殊的方式去关心照顾。当看见某同业衣不御寒时，他趁为之整理衣装时将钱包塞到这人的领口内，叮嘱赶紧去做件衣裳。有的演员鞋不保暖冻坏了

伯父和父亲

梅巧玲虽有"义伶"之称，但他的"义"并不总能得到回报，当一些角儿或乐师闹脾气而罢演时，却也只能急得直跳脚。他常对妻子说："我一定要让咱们的儿子学戏。"老天爷仿佛也有意成全梅巧玲，他的长子梅雨

伯父梅雨田

田从小就喜欢音乐。梅雨田出生于1865年，3岁就对乐器发生浓厚兴趣，8岁父亲就把京城里吹拉敲弹各路好手都请来教他。梅雨田天资聪慧，勤奋好学，各种乐器样样精通，昆曲戏能吹三百余出，胡琴戏更是无一不精，年轻时就成为"六场通透"的乐师，还被选入清宫内廷当差。为"谭派"老生创始人谭鑫培操琴多年，两人的配合可谓珠联璧合。梅雨田不仅为谭鑫培伴奏十分默契，为他的侄子梅兰芳年青时期唱戏伴奏，也同样有烘云托月的效果。宣统三年（1911），梅兰芳在北京文明茶园第一次演出《玉堂春》时，就是伯父梅雨田拉的胡琴。当时京城里的胡琴手都很崇拜他的琴艺，许多亲贵也纷纷慕名而来拜师请教，他对这些上门求教者非常有耐心，慷慨施教，直至求学者满意而去。

梅雨田17岁时，父亲梅巧玲因病去世，弟弟梅竹芬当时只有10岁。梅竹芬就是梅

父亲梅竹芬

母亲杨长玉

兰芳的父亲。他是梅巧玲的次子，像父亲和兄长一样，他也走上了演艺道路。他先学老生，又改小生，最后唱青衣花旦，他的昆曲、皮黄都是向梅巧玲学的，凡是父亲唱过的戏，他都会唱，而且唱得极似。梅竹芬后来

娶了著名武生杨隆寿的女儿杨长玉为妻，梅兰芳是他唯一的儿子。梅竹芬当时搭京城颇有名气的"福寿班"，班里常有些演员闹脾气告假不唱，班主总是请老实厚道、性情温和的梅竹芬上场代唱，每次唱的也大

都是梅巧玲的戏。戏班里营业性的演出非常频繁，加上外串堂会的卖命演出，他十分劳累，身体受了极大损伤，1898年患病，医治无效，离开人世，年仅26岁。当时梅兰芳才4岁。

当时正值八国联军入侵北京，各个戏班长期停演，仅靠梅巧玲留下的产业维持生计的梅家，不久便坐吃山空，慢慢衰落下去。梅兰芳的母亲杨氏长期操劳家务，在梅兰芳14岁时也病故了。父母相继早逝，梅兰芳只有依靠祖母陈太夫人和伯父梅雨田的照顾，然而伯父操琴的收入毕竟有限，一家大小的日子过得紧紧巴巴。直到梅兰芳成名后，担负起全家的生活费用，梅家才算苦尽甘来。

气走了第一个老师

梅兰芳4岁时失去了父亲，跟着守寡的母亲依靠大伯梅雨田生活。梅雨田有三个女儿，梅兰芳便成了传承梅家香火的唯一的男孩儿，但在这个逐渐衰落的梨园世家中，他并没有因此受到多大的重视，大部分时间里还是一个没人管束的野孩子。

戏曲界前辈艺人曾经说过，要想成为一个好演员，必须具备六个条件——"相貌好"、"嗓子好"、"身材好"、"会唱"、"会做表情"、"会做动作"，前三个是先天条件，后三个得靠后天的培养。就一般人的想象，梅兰芳的资质一定是如何的高明、如何的与众不同，其实不然，他幼年时并未表现出过人的艺术天分，相反，和一般孩子相比甚至显得不够聪明伶俐。他相貌很平常，两只眼睛还有些近视，眼皮总下垂，眼睛显得无神，面部表情不够生动，人也显得有些木讷，因此他姑母曾用八个字概括："言不出众，貌不惊人"。可谁也没有料到，这个孩子有朝一日会成为享誉海内外的戏曲艺术大师。

九岁的梅兰芳

梅兰芳8岁时开始学戏，梅雨田为他请来教师在家授艺。第一个被请来为梅兰芳说戏的是名小生朱素云的哥哥朱小霞，朱小霞和朱素云都是梅巧玲的弟子。朱小霞先生按照青衣的传统教法给梅兰芳讲授《二进宫》《三娘教子》等一些老腔老调的简单玩艺儿，没曾想前四句极普通易学的老腔教了半天，梅兰芳还是不能上口，把朱先生气得吹胡子瞪眼，认为这孩子学艺是没希望了，嘴里不禁骂道："祖师爷没给你这碗饭吃！"说完拂袖而去，再也不来教他了。等到梅兰芳成名以后，有一次在后台遇见了这位当初被他气走的师傅，朱小霞很不好意思地说："我那时真是有眼不识泰山！"梅兰芳却笑着说："您快别说了，我受您的益处太大了，要不挨您这一顿骂，我还不懂得发奋苦学呢！"由此可以证明梅兰芳的成功不是靠聪明得来的，而是从苦练苦干中得来的。

开蒙恩师吴菱仙

开蒙老师是演员跟着学艺的第一个老师，他负责传授唱、念、身段等京剧艺术的基本功，为学生今后的艺术生涯奠定基础，演员的基本功是否扎实与开蒙老师的传授关

梅兰芳与老师吴菱仙

系很大。梅兰芳的开蒙老师是吴菱
仙。吴菱仙是"同光十三绝"之一时小福的弟子，由于朱素云、朱小霞的弟弟朱小芬是梅兰芳的堂姐夫，吴菱仙起初是朱小芬请到家里为弟弟朱幼芬和表弟王蕙芳开蒙的，家境贫困而无力单独延请教师的梅家得知后，也将梅兰芳送到朱家借学。

吴菱仙当时已经50多岁了，每天早晨五点钟就来到朱家，带着三个学生到城根空旷的地方遛弯儿喊嗓子，一练就是两个多小时。练完后，他再带他们回朱家，吃过早饭就开始教戏，先教唱词，唱词背熟后再教唱腔。午饭后，另一位请来吊嗓子的老师来了，吊完嗓子再练身段，学新唱段。晚上念本子，熟悉剧情及剧中的人物。一整天除了吃饭、睡觉以外，便是学戏了。

吴菱仙不管是教唱腔还是教各种基本动作，都非常严格认真，不达到准确熟练的程度，是决不放过这三个学生的。孩子们学唱腔时总有坐不住的时候，这时便改教他们基本功和练身段，等筋骨活动开了，人也有了精神，再让他们坐下继续练唱。吴菱仙虽然年老体弱，但仍不顾疲劳认真教导，而且从不责打学生。这样开明的老师在当时是十分少见的。

带你走进博物馆

14

在三个学生当中，吴菱仙特别钟爱梅兰芳，把大部分心血和精力都集中在梅兰芳身上，决心把他培养成材。这是为什么呢？原来，吴菱仙在"四喜班"待过多年，与班主梅巧玲感情极好。一次他家里出了意外，急需一笔钱，正不知怎么办才好时，梅巧玲了解到情况，有一天在后台远远地扔给他一个纸团，说道："菱仙，给你个槟榔吃！"他接住打开一看是张银票，就是这张银票替他解了围。等吴菱仙有机会教导恩人梅巧玲的孙子时，他便把这份感激还报在了梅兰芳身上。

在开蒙恩师吴菱仙先生的严格要求和精心教导下，梅兰芳刻苦学戏，克服了天赋不高的弱点，打下了扎实的基础，技艺进步很快，不久就开始了他的舞台生涯。光绪三十年七月七日（1904年8月17日），10岁的梅兰芳第一次登台演出。这天，"斌庆社"戏班

梅兰芳与一起学艺的小伙伴

在广和楼茶园贴演应节灯彩戏《天河配》，梅兰芳串演昆曲《长生殿·鹊桥密誓》中的织女。这次登台是吴菱仙的主意，他考虑到梅家经济状况，梅兰芳早一天登台演出，家里就能多一份收入，同时也是实践和锻炼的机会，于是和"斌庆社"班主商议，班主爽快地答应了。

演出时有一个搭成的鹊桥布景，桥上插着许多道具喜鹊，喜鹊里点着蜡烛，非常好看。梅兰芳演的织女要登上鹊桥了，吴先生把他抱上了椅子。站在鹊桥上，望着摇曳的烛光，面对台下叽叽喳喳的茶客，梅兰芳十分兴奋，很快忘了胆怯，他放开嗓子投入地开始了平生第一次演唱。从此，京剧伴随了梅兰芳的一生。

搭班演出 观摩前辈

"广和楼"第一次登台后，吴菱仙开始不断地安排梅兰芳在各戏班里串演小角色。舞台实践开阔了梅兰芳的眼界，促进了他努力学习的兴趣，技艺也大有进步。14岁时，他正式搭班"喜连成"。当时白天在广和楼演出，晚上在朱家继续向吴先生学戏。

在"喜连成"搭班时，梅兰芳每年演出的日子将近三百天，除了斋戒、忌辰等特殊日子按规矩不唱戏外，几乎寒暑不辍。繁重的演出，艰苦的学习，成为他舞台生活中最紧张的阶段。他的生活极为规律，甚至有些刻板，吃饭、睡觉、学习、上台将每天塞得满满当当，日子过得忙碌而枯燥。稍有空闲时间，他便观摩前辈的精彩演出，从中提高自己。白天演出时，他总是不等开锣就到场，除了自己表演以外，始终在乐师后边坐着看戏，舍不得离开一步。这种习惯延续了很久，以后改搭别的班子也是如此，看戏成为了少年梅兰芳艺术学习中的一部分和生活中唯一的乐趣。

老前辈们精深到位的表演让梅兰芳看得十分过瘾，他们扎实的功夫和精益求精的品格更让他钦佩不已。梅兰芳初看著名老生谭鑫培的戏，就产生一种特殊的感觉。当时扮老生的演员，都是身材魁梧、嗓音宏亮，唯有谭鑫培的扮相是那样消瘦，嗓音是那样细

芳那时虽然只有一个小学生的程度，还不能完全领略他那高超的艺术，但已经觉得精神上有说不出来的轻松愉快了。

通过长期的观摩和体会，梅兰芳从前辈身上吸取了许多长处，渐渐地有了提高，当他站在台上时一招一式也能信手拈来了。观摩学习为他日后演艺的进步打下了坚实的基础，后来他在带徒弟时，也要求学生们各行角色都要多看多观摩，求得艺术上的深造。

谭鑫培与王瑶卿，《南天门》剧照

腻悠扬，一看就知道是个好演员的风度。有一次，谭先生演出《捉放曹》一场，他那炯炯的目光，一下子把全场观众的精神抓住了，他一路唱下去，剧中人物的性格都从他那唱腔和面部表情中深深地表达出来了。台下观众有的目不转睛地看，有的闭目凝神细听，整个戏园子静得一点声音都没有。梅兰

转益多师 博采众长

梅兰芳能成为一代艺术大师，与他少年时转益多师，得到很多前辈的精心培育是分不开的。这也是梅家学戏的传统，祖父梅巧玲就主张多向前辈们请教。所以，梅兰芳在向吴菱仙学习青衣戏的同时，还向姑父秦稚芬及伯母的弟弟胡二庚学花旦戏。按那时戏班里的规矩，青衣和花旦的界限划分相当严

格，不能混演。青衣多饰演严肃稳重的女性，而花旦多饰演活泼开朗、聪明伶俐的青年女性。青衣讲究唱工，不讲究表情、身段，所以出场时大多冷若冰霜，一手下垂，一手置于腹部，以"抱肚子"的身段稳步前行，身体不许倾斜。相反，花旦不讲究嗓音和唱腔，重点在表情、身段，服装色彩也更夸张绚烂。正是有这些差别，演员就不能兼演青衣和花旦。梅巧玲最先打破这一陈规，大胆地将二者糅为一体。他在演萧太后时，不仅运用了青衣的唱工技巧，也吸收了花旦的念白和表情，将人物塑造得活灵活现。到梅兰芳时，他因为性格原因，搭班学艺和成名以后都没有演过花旦戏，但年幼时的学习对他的表演仍是有很大益处的。

武功是戏曲演员必须具备的基本表演技能，青衣、花旦也同样需要学武功。科班中都是先以武功打基础，而后分行当的。梅兰芳学习武功的师傅是茹莱卿。他是梅兰芳外祖父著名武生杨隆寿的弟子，40岁前工武生，长靠短打都很出色，40岁后又向梅雨田学习胡琴，以后为梅兰芳伴奏多年。

茹莱卿每天准时来到梅家，先为梅兰芳吊嗓子，然后教练武功。茹先生教得细致严

《金山寺》梅兰芳饰白素贞，路三宝饰青儿

格，梅兰芳学得全面牢固。无论是穿靴、穿高底的，还是扎大靠、穿短装的，各种旦角剧目所用的刀、枪、戟、剑、马鞭、拂尘的各种打法等等，都是从茹莱卿那里学到的。练得最苦的要算是"跷功"了，就是在一张长板凳上放一块长方砖，要踩着跷站在砖上一炷香的时间。台上一分钟，台下十年功，小小年纪的梅兰芳不得不忍受脚上起泡的痛苦，有时寒冬腊月还必须踩着跷在冰面上打把子、跑圆场，经常被摔得鼻青脸肿。但踩跷确实锻炼了他的腰腿，使他60岁以后还能出演繁重的刀马旦戏。

《贵妃醉酒》剧照

刀马旦戏是梅兰芳另一位老师路三宝的专长。梅兰芳搭班"喜连成"那年，路三宝就已远赴朝鲜望京戏院演出，很受观众欢迎，他可算是第一批把京剧传向国外的演员了。路三宝不但教会了梅兰芳许多刀马旦的戏，还经常为梅兰芳助演，如在《白蛇传·断桥》中饰青蛇，《春秋配》中饰

《贵妃醉酒》剧照

贾氏，《虹霓关》中饰王伯党，以及后来的《邓霞姑》、《宦海潮》等时装戏中扮演角色，成为梅兰芳的良师益友。梅兰芳向路三宝学会的最重要的一出戏是《贵妃醉酒》，梅兰芳曾回忆说："路先生教我练衔杯、卧鱼以及酒醉的台步、执扇子的姿势、看雁时的云步、抖袖的各种程式，未醉之前的身段与酒后改穿宫装的步法。他的教法细致极了，也认真极了。"这出戏后来成为"梅派"代表剧目之一，几十年来久演不衰。

20

王瑶卿是一位对梅兰芳影响极大的老师，梅兰芳受教于他后，表演风格起了很大变化，从单一的以唱为主的纯青衣戏路，向唱做并重的"花衫"路子过渡。王瑶卿在京剧表演史上是一位继往开来、贡献卓越的艺术大师，他从小学习青衣，18岁时搭"四喜班"、"福寿班"演出，21岁进宫当差，做了供奉，与谭鑫培合作多年，成为当时宫内外极受观众欢迎的名角。在演技上，他博采众长，继承了梅巧玲等人的优点，又有所创新，兼取青衣、花旦、刀马旦等旦角之长，对唱、念、做、打进行了新的改革，创造了"花衫"这一新行当，丰富了京剧旦行的艺术手段。在教育上，他因材施教，培养了包括后来被称为"四大名旦"的梅、尚、程、荀等在内的一批弟子，桃李遍天下。

　　梅兰芳看了王瑶卿演的《虹霓关》后，很感兴趣，伯父梅雨田便领着他去向王瑶卿学

《虹霓关》，梅兰芳饰东方氏、朱桂芳饰王伯党

习。王瑶卿坚决不同意梅兰芳磕头拜师，他说："论行辈我们是平辈。咱们不必拘形式，还是弟兄相称。你叫我大哥，我呼你兰弟。"从此，这对师徒始终以弟兄相称。王瑶卿教戏一丝不苟，梅兰芳从他那儿学到了扎实的

技艺和许多做人的道理。在把自己唱红的《虹霓关》全部教给梅兰芳之后，他就再也不唱这出戏了，表现出艺术家"让戏"的高尚品格。后来，梅兰芳还向王瑶卿学了《汾河湾》和《樊江关》，并与谭鑫培等前辈搭档演出，成为他的表演生涯中一段宝贵的经历。

前辈们多方面的指导和教益，对梅兰芳的艺术发展产生了极其重要的影响。在刻苦修习、博采众长的基础上，1911年，18岁的梅兰芳搭当时的大班"双庆班"演出，并成为班里的主要演员。这年腊月，他在广德楼戏园演《玉堂春》，由伯父梅雨田亲自操琴伴奏，演出十分叫座。从此，年轻的梅兰芳开始引人注目了。

养鸽子练眼神

大量的学习和演出，使梅兰芳积累了不少舞台经验，演技大大增强，得到了观众的赞许。但他却一直为自己的眼睛而苦恼。他双眼转动不够灵活，略带近视，有时还迎风流泪，显得没精打采，自然会影响表演。他自己很着急，亲友们也很伤脑筋，担心他会因此影响了艺术前程。谁知后来他通过养鸽子居然练就了一双炯炯有神的好眼睛，为登上艺术巅峰扫清了障碍。

梅兰芳17岁时，偶然养了几对鸽子，起初是出于好玩，拿它当业余游戏，后来渐渐发生了兴趣，便成为日常生活中必要的事了。鸽子从最初的几对发展到150多对，中外品种都有。他每天很早起床，吊完嗓子就开始喂养鸽子。他在院里搭了两个鸽子棚，不论寒暑，坚持每天打扫禽室，喂食喂水，还三天两头为这上百只鸽子洗澡。他对放飞鸽子很有经验，根据鸽子飞行力的强弱，一队一队地把它们放上天空。鸽子上天后，他也没闲着，既要观察鸽队飞

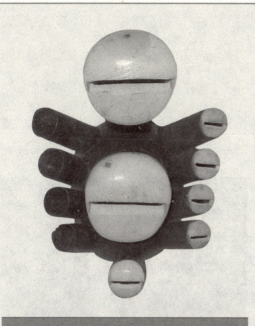

鸽子哨

活动。日久天长，他那眼皮下垂、运转无神、迎风流泪的眼病竟然不知不觉地治好了，眼睛变得十分有神。57岁那年，他演出《穆柯寨》时，台下一位观众赞叹道："这么大岁数的人，身体还这样利落，瞧他那双眼睛，多么有神，这不是天生的吗？"谁能想到这是养鸽子练出来的呢！

梅兰芳养鸽子一养就是十年，直到后来因戏务繁忙无法抽身为止。养鸽子不但锻炼了他的眼神，同时也加强了他的臂力。每天挥舞着长竹竿指挥和轰赶鸽子，臂力得到锻炼，对舞台表演也有很大的益处。在他老年演出《穆桂英挂帅》、《霸王别姬》中"捧印"、"舞剑"等吃重的场子时，手臂仍然挥舞自如，一点儿也不觉得僵硬吃力，这里面可还有养鸽子带来的好处啊。

行状况，轰赶停飞的老鸽子，又要训练新鸽子飞行，还要注意鸽鹰的突然侵袭。不管哪一个飞行环节，都要用眼神去注视蓝天中翱翔的鸽群。鸽子在天空盘旋，眼睛自然也跟着运转。鸽子越飞越高，越飞越远，眼睛也越望越远，仿佛要望到蓝天的尽头。鸽子起飞和降落，眼睛也随着上下

带你走进博物馆

合作伙伴齐如山

齐如山，河北高阳人，自幼受过良好的家庭教育，19岁就读于北京同文馆，学习德文和法文，五年后毕业，游历西欧各国，广泛接触西洋戏剧，辛亥革命后回国，出任京师大学堂和北平女子文理学院教授。

齐如山从小就是个戏迷，经常看戏。他三次游历欧洲，遍观西洋戏剧，头脑中自然有点西化。回国后再看戏，便觉得国剧有很多不足，在服装、布景、灯光、化妆等方面都难与西洋戏相媲美，他便一年内都不再上戏园看戏了。直到有一天看到了梅兰芳演的戏，他不由得赞叹梅兰芳是个天才，就又恢复了上戏馆的习惯，并且开始着手对国剧进行深入细致的研究。

凡是有梅兰芳的戏，齐如山一定会去听。他发现梅兰芳很有天赋，嗓音好、面貌好、身材好，但在唱功、身段、表情上还欠完美，如果加以指点，一定会进步神速。有一次，他在看过梅兰芳的《汾河湾》后，给梅兰芳写了一封三千多字的信，对演出进行了详细的分析评点，提出了很多具体的

梅兰芳与齐如山

与齐如山（中）、罗瘿公（右）研究艺术革新

研究这些意见，当他认为有必要时，便毫不犹豫地推翻自己原先的演法，按齐如山的意见进行修改。

梅兰芳时常收到齐如山寄来的信，积攒起来已是厚厚一摞足有百来封，但他们始终没有见面畅谈的机会。直到1914年春，齐如山意外地收到梅兰芳托人送来的信，约他见面，这令齐如山欣喜万分。其实，梅兰芳早就注意到这位总坐在台下前排、中等身材、脸色微黑、留着一簇小胡子的老听众了，起初他不知道这人就是齐如山。当他知道这就是常给他写信提建议的齐如山时，便高兴地约其见面。齐如山如约来到梅宅，虽是初次见面，但有那百来封信件的来往，两人都不觉得陌生，谈得十分投机。此后，齐如山就经常到梅兰芳家中与他谈心，交流戏剧表演经验。1915年，齐如山为梅兰芳编了一出旧式新戏

意见。信发出后，齐如山很快忘记了这事，他想梅兰芳这样的名角未必会听得进自己的意见，不按信中说的修改也是情有可原的。谁知十几天后，梅兰芳又演《汾河湾》，戏开场了，坐在台下的齐如山越看越兴奋，梅兰芳的表情和动作完全按照他信中的意见作了修改！想不到梅兰芳竟如此谦虚，齐如山对他是又敬又爱。从那以后，齐如山每看过梅兰芳一出戏，就给他写封信，提些意见。而梅兰芳每次收到信也总是耐心地

带你走进博物馆

《牢狱鸳鸯》，演出大受欢迎。从此，他为梅兰芳编新剧、改编旧戏，总计约40多出，在他们交往的近二十年中，他成为了梅兰芳的"贴身编剧"和重要的合作伙伴。

站在上海的舞台

梅兰芳17岁时，在北京各界评选公布的"菊榜"中，还只名列探花，获得状元和榜眼的分别是他幼时的同学朱幼芬和王蕙芳。但才过了一两年，梅兰芳已声名鹊起，相当叫座了。只要他一出场，观众的掌声、欢呼声、叫好声响成一片，他一张嘴，戏馆里顿时寂静无声，足见魅力之大。他之所以受到观众热烈的追捧，除了本人的刻苦努力外，还与当时的社会环境有很大关系。早年，女人是不能抛头露面的，更别说到人多杂乱的戏园听戏了。1900年以后，随着京剧女班的兴盛和晚清资产阶级民主思潮的影响，戏园观众席上开始出现妇女的身影。但这时男女仍不能同座，妇女必须坐在楼上，楼下是男士的座位。女观众的出现使整个戏剧界发生了急剧的变化，过去一直是生角统治的舞台，如今旦角行当的地位飙升，一日盛过一日。那么这是为什么呢？女观众刚开始看戏，还比较外行，无非拣漂亮的看看热闹，她们不懂也没兴趣欣赏老生武生的艺术，旦角自然成为她们爱看的对象了。梅兰芳嗓音清脆，唱腔圆润，做工细腻，处处透出美的神韵，正与当时大众的审美观紧密地结合起来了，他的走红就成必然的事了。

1913年，20岁的梅兰芳第一次离开北京城，赴上海演出。此行是应上海"丹桂第一台"老板许少卿的邀请，名角王凤卿挂头牌，梅兰芳挂二牌。著名老生王凤卿是梅兰芳的老师王瑶卿的弟弟，在北京名气很大，而当时的梅兰芳虽然在北京很红，但上海人从未

梅兰芳第一次演出大轴戏《穆柯寨》
的戏单（1913年）

1913年11月16日，对梅兰芳来说意义十分重大，这是他第一次主演的大轴戏，他的戏码排在倒数第二，这在上海被称为"压台戏"。梅兰芳并没有拿他的正工青衣戏来压台，而是临时学了一出刀马戏《穆柯寨》。梅兰芳发

听过他的戏。所以，许老板不惜血本，在《申报》上连续几天大作广告，宣传北京来的这两位名角，梅兰芳也被抬高到了"南北第一著名青衣兼花旦"的位置。那时的演员新到一个演出地点，最初三天所演出的剧目被称为"打炮戏"，"打炮戏"成功与否，直接影响到这个演员今后在当地的演出成绩。开头开得好就能给观众一个好印象，所以，一般演员都很重视"打炮戏"，梅兰芳也不例外。他在"丹桂第一台"头三天的打炮戏分别是《彩楼配》、《玉堂春》和《武家坡》。

《穆柯寨》剧照

带你走进博物馆

现上海观众还是喜欢热闹一点、新颖一点，对《彩楼配》一类正儿八经的唱工类似乎不满足。该出场了，一直在后台等着的梅兰芳，带着些紧张的心情登上了舞台。他只觉得眼前一亮，整个舞台闪亮一片，如同白昼，仔细一看，才发现台前有一排小电灯，演员一出场，所有小电灯就齐刷刷点亮了。原来，戏馆老板为吸引观众的注意力，在舞台上大面积地使用电灯，灯光使舞台上的梅兰芳更加绚丽多姿。他还注意到上海的舞台呈半月形，台前两边没有了往常那两根遮住观众视线的大圆柱子，视野格外开阔，让人感觉神清气爽。在这明亮的新式舞台上，梅兰芳精彩的演出博得了台下阵阵叫好声，上海观众被他的扮相、嗓音、身段和表情倾倒了，对这位来自北京的第一青衣留下了极为深刻的印象。就这样，年轻的梅兰芳在上海这个南方京剧艺术中心一举成名，从此开始红遍大江南北。

与王凤卿的友情

王凤卿，又名奉卿，北京人。他是王瑶卿的弟弟，比梅兰芳大11岁，幼时学艺，先学武生，后学老生，14岁时搭四喜班演出，名声渐显。后来被选入宫廷中供奉，民国初年已是名盛一时的生角，"丹桂第一台"老板许少卿正是冲着他的名声而邀请他到上海演出的。当时梅兰芳虽然在北京颇有名气，但上海人从未听过他的戏，在许少卿眼中，他只是王凤卿的陪衬，起初只答应给梅兰芳每月包银1400元，而王凤卿是每月3200元。王凤卿认为梅兰芳的包银偏少，要求许少卿再加400元，许少卿不愿在新人身上多下本钱，但又不敢开罪王凤卿，有些为难。王凤卿便说："你如果舍不得出到这个价钱，那就在我的包银里匀给他四百元吧。"最终许少卿答应给梅兰芳再加400元。

《汾河湾》，梅兰芳与王凤卿

杨家唱一场堂会。这是梅兰芳在上海的第一次小范围亮相，他心里一直忐忑不安，害怕唱砸了，王凤卿看出他的紧张，安慰他说："老弟，不用害怕，也不要矜持，一定可以成功的。"王凤卿的信任坚定了梅兰芳的信心，他沉着下来，全身心地进入情境，表演非常成功，受到了观众的注意和欢迎，为后来登台演出一炮走红打下了基础。

这多争取来的400元包银对当时肩负家庭生活重担的梅兰芳来说非常重要，因此他对王凤卿的提携关心充满了感激。

来到上海后，王凤卿带着梅兰芳四处拜访上海文艺界名人，抓住机会为梅兰芳作宣传。正式演出前几天，正逢上海金融界大亨杨荫荪结婚，王凤卿和梅兰芳受邀去

上海滩演戏的角儿，都讲究唱"压台戏"，也就是北京说的"大轴戏"。为了让初出茅庐的梅兰芳今后发展更顺利，王凤卿向戏园老板许少卿建议，愿意让出自己的戏码，安排梅兰芳唱一次压台戏。正是在他精心安排下，年轻的梅兰芳在上海舞台上一鸣

惊人。连续几场演出大获成功后，王凤卿激动地拉着梅兰芳的手，亲切地说："兰弟，从现在起，我们永远在一起，谁也不许离开谁，我们约定以后永远合作下去。"从此，梅兰芳与王凤卿开始了长达18年的合作，两人亲如兄弟，配合默契，结下了深厚的友情。直到1931年"九·一八"事变爆发，梅兰芳从北京搬到上海居住，王凤卿因身体不好未能同行，但他的儿子王少卿却留在了梅兰芳身边，为他操琴多年。

王凤卿经常在艺术上鼓励、扶持和帮助梅兰芳，他教诲梅兰芳要广交益友，虚心求教，细心揣摩。他常说："有了结实的功底，还要懂得戏理、戏情，老师口传心授之外，还要自己琢磨，从书本上也可以得到益处，遇到名师益友，千万不可放过，必须想尽办法把他们的好东西学到手。"王凤卿有这样大的名气声望，居然能如此信任一个初出茅庐的年轻人，他的真诚深深打动了梅兰芳。对于一个艺人来说，机会是很重要的，哪怕有天大的本事和才能，如果没有机会施展，也会随着时光的流逝而消磨殆尽。但梅兰芳是幸运的，刚出道时就得到了王凤卿这样的名师前辈的指点和提携，抓住了最好的机会展示自己。每当回忆起这些对他有过帮助的朋友，梅兰芳总感慨地说："他们尽了最大的努力，来教育我、培植我、鼓励我、支持我！这些人都具有不同的性格和独特的天才，为我做了种种的设计，无微不至。我得到了他们的启示和指导，使我的艺术一天天丰富起来，这都是我不能忘记的事。"

编演时装新戏

梅兰芳在上海的演出圆满结束了，他感到一身轻松，由于并不急着回北京，他便在休息的几天里四处走动，更多地了解上海。

带你走进博物馆

梅兰芳是个有心人，从他第一次登上上海的舞台开始，就敏锐地感到上海与北京的不同。他发现上海在灯光、布景、舞台美术等方面都比北京要现代化得多，于是，他向一些"老上海"打听上海戏馆的内幕，还多次上戏馆看戏，实地考察。上海之行使他接受了很多新生事物，也为他日后的改革创新积累了信心和勇气。

梅兰芳观摩上海旦角演员的演出，发现上海演员在化妆方面似乎更美观一些，回到北京后，他首先从画眼圈和贴片子上对北方旦角的传统化妆方式进行了改革。北方旦角演员不讲究画黑眼圈，只淡淡地画上几笔，而上海旦角演员却将眼圈画得很黑，眼睛显得大而有神。梅兰芳在加深眼圈颜色的同时，不提倡一味地画黑眼圈，而是根据各人眼睛大小来画，这样化妆后眼睛才格外有神好看。早期北方青衣演员的标准扮相，片子

《邓霞姑》，梅兰芳与姚玉芙

贴的部位又高又宽，往往把脸型贴成方的，再在鬓角贴出一个尖角，俗称"大开脸"，头上再打个"茨菇叶"，不免显得呆板。梅兰芳看过上海旦角贴片子后，回京后仔细琢磨，多次实践，总结出应该根据个人的脸型在适

带你走进博物馆

当部位贴上片子，这样就能增强舞台人物形象的美感。

在上海，梅兰芳观看了一些反映现实生活的"文明戏"和时装新戏，大受启发。他发现时装新戏虽保留着京剧的场面，但已经有了现代化的趋势，这不仅表现在剧本结构、语言等方面与传统戏曲相比发生了很大变化，在服装、景物、舞台美术以及演员表演念白等方面也突破了传统表演模式。演员的服装多是生活中的时装，表演朴实，没有虚拟动作，念白中掺杂上海方言，布景上也吸收了话剧的写实画幕形式，这一切让人耳目一新，吸引了大批观众。从观摩中得到灵感的梅兰芳回到北京后，也开始了舞台生涯中很重要的一个阶段——排演时装新戏。

梅兰芳编排时装新戏，从开始构想、选择剧本到舞台实践，得到了同业人士、朋友、观众的广泛支持。1914年10月，他的首出时装新戏《孽海波澜》试演成功，成为他创编新戏的开端。1915年，梅兰芳又排演了几出时装新戏，其中《邓霞姑》反响最大。《邓霞姑》是根据路三宝提供的故事素材，由梅兰芳与"双庆社"同班演员共同编演的。这出戏塑造了一个善良、机智、富有同情心的少女邓霞姑的形象。剧情是：财主邓彬夫妇生

《邓霞姑》剧照

有三女，长女云姑守寡，次女雪姑许配书生丁润璧待嫁，三女霞姑尚在闺中。土匪作乱，邓彬身亡。舅爷欲谋邓家财产，要雪姑另嫁周士普，还要暗害丁润璧。霞姑知道后，帮助雪姑与丁润璧出逃，舅爷只得向周家伪称雪姑夭亡。周父到邓家质问，霞姑挺身而出说出真相。最后，舅爷被送官问罪，雪姑嫁丁润璧，霞姑嫁周士普。梅兰芳在剧中扮演邓霞姑，他在编词时用了不少新名词，比如"婚姻大事，关系男女双方终身幸福，必须征求本人同意，岂能够嫌贫爱富，尽拿金钱为目的，强迫作主"等，博得满堂鼓掌。《邓霞姑》很受观众欢迎，不仅是梅兰芳演技出色，更有同班演员的密切配合。特别是最后邓霞姑与周士普举行文明婚礼的一场戏，霞姑穿着礼服行了三鞠躬后，扮演雪姑的路三宝向台下讲声"谢谢诸位来宾"，即景生情，气氛十分热烈。观众连连喝彩，仿佛都成了台上

《邓霞姑》戏单

婚礼的来宾，每次演出这场戏，观众们都要等路三宝说完这句话后才肯离去呢。

梅兰芳编演的时装新戏以真人真事为背景，剧情曲折，通俗易懂，贴近大众生活，顺应时代潮流。他在编演时装新戏的过程中，突破了传统表演程式，在唱、念、做、打上紧扣人物与剧情，对角色的驾驭能力日渐成熟。遗憾的是，当时编排时装新戏还存在很多困难，他所编演的新戏都没能流传下来，没有

带你走进博物馆

成为"梅派"代表剧目。但通过编演时装新戏的实践，梅兰芳的创新精神提高了，为以后取得更大的艺术成就积累了宝贵的经验。

编演古装新戏

梅兰芳在演出时装新戏的同时，也编演古装新戏。1915年，一出中秋应节戏《嫦娥奔月》开始了他编演古装戏的道路。这出戏先由齐如山根据古籍《淮南子》和《搜神记》有关资料，拟出剧本的结构和纲目，梅兰芳和诸多朋友细细斟酌修改，最终完成了剧本。这出戏情节比较简单，但艺术上却出奇制胜。因为在这之前没有人演过嫦娥，没有现成的模式可以模仿，一切都得从头摸索。梅兰芳认为，观众理想中的嫦娥一定是个很美丽的仙女，她的扮相和服装如果还照着老戏处理，观众就会觉得不够美丽，不像嫦娥。于是，他提议按照

梅兰芳创编的第一出古装戏《嫦娥奔月》

古画里的仕女装束为嫦娥设计古装扮相。经过大家的精心设计，梅兰芳扮演的嫦娥别具风采，上穿淡红色花边的软绸对襟短袄，下系白色软绸长裙，腰间一条丝带垂在中间，带上打了个如意结，两边垂着玉佩。头上正面梳两个髻，上下叠成吕字形，

左边戴一朵翠花，右边用一根长长的玉钗，斜插入上面的髻里，钗头还挂有珠穗。在舞蹈方面，吸收古代歌舞形式，梅兰芳创造了连唱带做的"花镰舞"和"长袖舞"，美不胜收。值得一提的是，这出戏里首次使用了"追光"，用灯光设备对剧中人物进行特写，集中地烘托了气氛，这

《黛玉葬花》试装照

《黛玉葬花》戏单

在京剧舞台上也是头一遭。《嫦娥奔月》在吉祥园首演，一下子便征服了观众，获得了热烈好评。

《嫦娥奔月》大获成功后，舆论界、圈内外朋友们和许多热心观众都鼓励梅兰芳再多排几出古装新戏。梅兰芳也没有停步不前，在一群志同道合的朋友支持下，他以更大的勇气和魄力继续编演了多出古装新戏，取得很大成就。

带你走进博物馆

带你走进博物馆

《晴雯撕扇》剧照

这次在舞台上得到了极佳的体现。1916年，梅兰芳的第二出"红楼戏"——《千金一笑》（又名《晴雯撕扇》）在京首演。这出戏也是他与齐如山等几位友人集体编排的。梅兰芳的古装新戏都是歌舞并重的，在这出戏中，他创编了"扑萤舞"，身段轻盈飘逸，极富美感。由于角色身份、性格的不同，他在戏中扮演的丫鬟晴雯，无论头饰、服装、身段和神态，都不同于《黛玉葬花》中的林黛玉，恰如其分地表现出两剧中角色身份和性格的不同，也体现了他广阔的戏路和深厚的功底。

在这些古装新戏中，有好几出都取材于《红楼梦》，如《黛玉葬花》、《千金一笑》等。在《黛玉葬花》中，梅兰芳精心刻画出林黛玉借落花自叹寄人篱下的凄凉身世和孤苦心境，成功地创造了淡雅而富有诗意的形象。1916年1月，这出戏在吉祥园首演，受到广大观众的欢迎，尤其得到诗人和画家的赞赏，认为曹雪芹笔下的林黛玉形象，

古装新戏是"梅派"艺术的重要组成部分，也是梅兰芳对京剧艺术创新、发展所作出的重大贡献。

舞姿翩翩有创新

《天女散花》是梅兰芳排演的一出古装神话歌舞剧。一次，他偶然在一位朋友家看到一幅《散花图》，图中天女衣带飘逸，体态轻灵，画得生动美妙。他便产生了把画意化成舞台形象的念头，以创造出具有敦煌飞天仙女的神韵之美。当他把这种想法告诉了齐白石等人时，得到了他们的赞赏，并拿出许多书画珍本供他研究。最后，大家商量从佛经《维摩诘经》中取材，形成剧情：维摩居士夜读经书，劳累成疾，害了眼病，佛祖如来派文殊菩萨前去问候，又降旨命天女到病室散花。

梅兰芳为了演好《天女散花》，参考了敦煌的各种"飞天"画像，把"飞天"的各种形象运用到剧中天女身上。为了把"飞天"身上的带子被风吹得飘飘然的形象更好地表现

《天女散花》剧照

在舞台上，他把天女服装上的水袖改成两条长绸，用武戏的基本功把长绸抖动起来，边唱边舞，这就是他创造的"长绸舞"。"长绸舞"不但烘托了天女御风而行的美妙形象，也为京剧艺术的表演增添了新的表现手法。为编演好《天女散花》，梅兰芳付出了很大心

《西施》戏单

除了《天女散花》外，梅兰芳还有不少引人注目的舞蹈创新，比如《西施》。故事取材于昆腔《浣纱记》，经过罗瘿公和王瑶卿的改编，1923年9月首演。西施是我国古代四大美女之一，要突出她的柔美，除了委婉动听的歌唱，舞蹈也是不可缺少的。梅兰芳特地到当时的京

血，花费了半年多时间才排练完成。1917年12月在吉祥园首演，立即轰动了京城。

《西施》梅兰芳与朱桂芳

师图书馆（即现在的国家图书馆）借了一本《大清会典图》，研究书上的舞蹈姿势。他结合剧情与西施这个人物形象，最后决定借鉴古代一种名叫"俏舞"的舞蹈形式。这种舞蹈是古代祭祀大典时用的乐舞，分为文舞和武舞两种，文舞一手执"羽"（即雉尾），一手执"龠"（六孔竹管，类似笛子）；武舞一手执"干"（类似于长枪的兵器），一手执"戚"（斧形兵器）。舞蹈者分立两边，基本不变换位置，只变换一些手势。显然，"俏舞"的动作非常庄严，而西施这个人物只能文舞，不能武舞，"羽"和"龠"等未用过的舞器，这让梅兰芳思索了很久。后来，他折中地借用"俏舞"的手势，另外设计了一些动作，构成了一组优美的舞蹈，进一步提升了表演魅力。在舞蹈身段上的积极变革和创新，使梅兰芳不断步入京剧艺术表演的新天地。

对昆曲的继承和发展

昆曲是一个古老的剧种，它的历史非常悠远，在皮黄没有创制以前，昆曲早就在北京城里流行了，馆子里常演的大都是昆曲。昆曲的身段、表情、曲调要求非常严格，这种基本技术的底子打好了，再学皮黄就省事多了。因为皮黄里有许多技巧都是从昆曲里吸收过去的，所以早期艺人学艺都从昆曲入手。梅兰芳的祖父梅巧玲就会唱很多昆曲戏，伯父梅雨田也能吹二三百出昆曲。梅兰芳从小耳濡目染，也喜欢哼几句，幼年第一次登台唱的就是昆曲。后来，为了提高演艺水平，他学习皮黄的同时也兼学昆曲。

民国初年，昆曲词曲深奥、形式保守等缺陷渐渐暴露，加上皮黄的冲击，慢慢失去了观众，台上很少看到昆曲了。眼看着昆曲衰落，成为戏剧界的一个重大损失，梅兰芳

带你走进博物馆

乔蕙兰

究。他十分重视创新，在实践中不断加以革新和发展，激起同行和观众对昆曲这一古老剧种的兴趣与保护，使其重放异彩。

在梅兰芳演出的昆曲戏中，有几出代表性的作品，《游园惊梦》是其中之一。这是明代剧作家汤显祖的名作《牡丹亭》里最有魅力的一折，在诸多昆曲剧目中，梅兰芳最爱这出，下的功夫最大，演出场次也最多。1918年他在北京首演，十分华美，一演而红。他饰演的杜丽娘是一个深在幽闺的少女，他的动作细腻，念白准确，吐字清婉，抑扬顿挫，把人物的温婉娴雅和心灵深处那寂寞、空虚、惆怅的心情充分表达出来了，表演优美动人。1959年，北京电影制片厂把《游园惊梦》拍成了一部舞台戏曲表演艺术片，梅兰芳精湛的舞台艺术形象流传了下来。

《白蛇传》也是梅兰芳常演的昆曲戏中代表作之一。他在这出戏里饰演的白素贞

十分心焦。要知道，昆曲歌舞并重，有大量根据古典文学作品改编的剧目，里头的身段经过好几代前辈艺人们耗尽心血的创造，保留了中国戏曲的优良传统，这对京剧演员从中吸取营养来丰富自己的表演艺术有很大的意义。他产生了倡导和挽救昆曲的想法。

梅兰芳先后向陈德霖、乔蕙兰等多位名家学会了二十几出昆曲，他的学习很正规扎实，还常和一些懂昆曲的朋友一起探讨研

《断桥》剧照（左起：梅葆玖、梅兰芳、俞振飞）

从服装到头饰，一直不断地改革。1915年首演时，头饰戴的是大额子（清代演出时戴的是渔婆罩），后来觉得白娘子并非女将身份，便将大额子改成软额子。服装的穿戴经过多次改动，白娘子的扮相在面牌上增添了白色大绒球，强调人物的素雅。随着对人物有了新的理解，最后，梅兰芳把大绒球改成了红色。这样，白娘子一身洁白，头上一点红，显得十分俏丽。1951年2月，他在怀仁堂演出此戏，在台下观看的毛主席称赞说："你的白娘子扮相与众不同，想得很妙，浑身偏素，头顶一点红。"这正突出了白娘子的战斗精神。梅兰芳听后很受感动，感慨地对家人说："毛主席看戏可真仔细！这么多年从未有人谈过白娘子的扮相。的确，我是费了很多时间来研究，才改成现在这个样子的啊。"

梅兰芳对昆曲戏不断地积极演出，复苏并发扬了昆曲的精髓，并根据时代变迁进行仔细的加工创新，拯救了中华民族这一传统的文艺形式，这也是他对我国戏曲表演艺术事业所作出的重大贡献。

《游园惊梦》剧照

二、兰馨四溢

潜心学画

大家都知道梅兰芳是位京剧艺术大师，但他还是一个名副其实的绘画迷。梅兰芳从青年的时候开始就对绘画产生了浓厚的兴趣。他喜欢收藏和观赏名人字画，也经常把这些作品拿出来描摹一番。在他的一生当中结识了许多书画界名人，比如著名画家吴昌硕，就是他两次赴上海演出时结下的忘年交。吴昌硕赠送给他一幅花卉图，这激起了他学画的兴致。梅兰芳学画并不是逞一时之好，他早就看到了绘画和戏剧有着息息相通之处。因为戏曲艺术在舞台上的表演就是色彩画面，一旦认识到他们之间的相互关系，梅兰芳就下定决心要花更多的精力来学好绘画，从绘画当中吸取一些对戏剧表演有益的养料。梅兰芳学画的开蒙老师是王梦白先生，王梦白先生既能画花卉、山水，也能画草虫、人物。王先生是当时著名的书画家罗瘿公先生特地介绍给梅兰芳的。王先生是当着梅兰芳的面画给他看，让梅兰芳着重看下笔的方法和如何使用腕力，画好了一张，就拿图钉按在墙上，让梅兰芳对临，他在旁边指点。

梅兰芳与齐白石、汪蔼士、欧阳予倩

梅兰芳绘《达摩面壁》

在随王梦白先生学画期间，梅兰芳还认识了许多名画家，如陈师曾、陈半丁、齐白石等。齐白石是梅兰芳非常尊敬的一位画家，他与齐白石相交多年，一直到晚年两人仍有往来。梅兰芳虽然早就认识了齐白石，但跟他学画却是在 1920 年的秋天。有一天，梅兰芳请齐白石到家里来闲谈。梅兰芳主动要求齐白石作画，并且替他磨墨。齐白石笑着说："我给你画草虫，你回头唱一段给我听就成了。"齐白石下笔准确的程度是惊人的，速度也是惊人的。只见齐白石双眼盯着白纸沉思了一下，就从笔海内挑出两只画笔，在笔洗里轻轻一涮，蘸上墨，就开始画了起来。他的草虫画得那样细致生动，仿佛蠕蠕地要爬出纸外的样子。不一会儿，就画了几开册页，草虫鱼虾都有，齐白石边画，还边给梅兰芳讲了一些心得和窍门。这一天下来，梅兰芳收获不小。直到琴师来了，梅兰

梅兰芳绘《观音》

带你走进博物馆

芳便认真地唱了一段《刺汤》，回报齐白石对他的教授。在有一次堂会中，梅兰芳和齐白石都在被邀之列。当天，齐白石衣着朴素，没有人认出他，他独自一人坐在角落里。正在这时，梅兰芳走到齐白石身边，恭恭敬敬地唤了一声："老师！"并把他搀到前排，安排他坐下。梅兰芳的行为使众人实为惊讶，都在互相打探这个老头是谁，值得梅兰芳如此地重视。当被人问到这个人是谁的时候，梅兰芳自豪地说："这是名画家齐白石先生，也是我的老师。"这下子大家才纷纷上前与齐白石打招呼。这一事件不久在艺界流传为尊师佳话，对当时大红大紫的梅兰芳来说这也是大家对他艺德的肯定。

在以后的岁月里，梅兰芳十分注重把绘画与服装、绘画与化妆、绘画与灯光布景、绘画与人物造型有机地联系在一起，进行了一系列的改革。梅兰芳觉得他能在京剧舞台上以及编排的新剧中进行从未有过的新尝试，很大程度上得益于绘画，他深深地体会到，身为一个演员，要培养广泛的兴趣和爱好，在生活中做一个全面发展的人，才能更好地推动表演艺术的发展和创造。

江苏南通之行

辛亥革命至抗日战争前夕，江苏京剧有了很大的发展。一些商人开始在当地创办京剧科班，出科的演员长年在淮海一带演出。1919年，实业家张謇以"改良社会"为宗旨邀请欧阳予倩一起创办"南通伶工学社"。张謇先后三次邀请梅兰芳去南通，与欧阳予倩同台演出。

梅兰芳第一次去南通是在汉口结束了演出后，随行的有齐如山等人。到达南通的第二天，在欧阳予倩的陪同下参观了伶工学校。伶工学校当时在南方是唯一的一个训练戏剧人才的学校，也是我国最早的正规戏剧学校，它在制度、教材方面都采用了新方法。梅兰芳在参观以后深深体会到伶工学校比起以前的旧科班确实是进步的多。

更俗剧场是与伶工学校配套的一个新型剧场。剧场采用新式的建筑，台上两旁有场面楼，台下座位宽敞。有几位穿红坎肩制服的服务员站在两廊，随时负责场内的清洁工作。如果看到观众有乱吐瓜子壳、果皮等不

南通戏园（更俗剧场）外景

梅兰芳与夫人赴南通

文明行为，他们也不会用硬性的规定来限制，而是立刻去清理，通过实际行动让观众自己体会到应该改正这种行为习惯。 总之，更俗剧场里的一切设置和管理都给人以焕然一新的感觉。

梅兰芳一行人刚刚跨进剧场休息客厅大门，立即被客厅墙上高高悬挂着的横匾吸引住了。横匾上的"梅欧阁"三个大字是张謇先生的手笔，他是借宋代文学家梅圣俞、欧阳修的友谊来暗切梅兰芳和欧阳予倩两位戏剧家的合作。前台经理指着横匾对他们说："这间屋子是张謇先生为了纪念你们两位的艺术而设的。"梅兰芳心想这是张謇鼓励后辈的一种方法，让我们继续为艺术而奋斗。张謇先生是我国近代的一位爱国实业家、教育家、政治家、思想家。他在进行政治活动、办实业的同时，还积极推进戏曲改革和创办戏曲教育事业。张謇和梅兰芳1914年初识于北京，在梅兰芳两次赴上海演出之后，他对梅兰芳的戏剧改良赞赏有佳，并多次写诗，以示鼓励。他曾多次邀请梅兰芳一起合作办校，但梅兰芳都婉言谢绝了张謇，后来张謇先生找到了欧阳予倩先生一起办了伶工学校。虽然没有一起合作办校，但梅兰芳对办校是鼎力相助，并参加了更俗剧场的开幕仪式。

梅兰芳在南通演出了十天左右，在这期间，他受到了南通观众热情的欢迎。虽然当时正值寒冷的冬季，但每场都爆满，甚至有人特

梅兰芳与张謇

地从上海赶来一睹大师风采。同时梅兰芳也留给南通人民特别是剧场的工作人员很深刻的印象。他每天演出前后见到台上台下工作人员总是含笑点头招呼，毫无明星架子，并且每天演完戏，他必谢幕并向观众致谢辞。梅兰芳精湛的表演和亲切的态度得到了大家的好评，演出期满后，他答应张謇先生一定再来南通。

梅 蘭 芳 纪 念 馆

访问日本

梅兰芳一直有个愿望，那就是把中国的古典戏曲艺术介绍到外国去，听一听外国观众对中国戏剧的看法。1919年，日本东京帝国剧场邀请梅兰芳去日本作一次旅行演出，梅兰芳很愉快地答应了这个邀请。那年4月，梅兰芳带着剧团到了日本，这是他第一次到国外演出。

梅兰芳一行抵达东京站，受到了极大

梅兰芳访问日本

带你走进博物馆

的欢迎。各社记者和一些慕名而来的群众
把出站口堵的水泄不通，为的就是一睹名
伶的风采。此行，在东京帝国剧场演出十二
天，在大阪公会堂演出三天。演出剧目有：
《天女散花》、《御碑亭》、《金山寺》、《琴挑》、
《游园惊梦》、《思凡》等剧目。第一天的戏
是《天女散花》，这是一出古装舞戏。其中
最拿手，也最叫座的是一段绸带舞。那是梅
兰芳根据古画里的一些舞蹈造型和老戏中
"舞彩绸"等身段动作重新创作出来的。值
得注意的是，这个绸带舞是不使用任何像
细棍之类的工具，是纯粹用双臂舞出来的。
这出戏在北京的舞台上已经演出了很久，
并且得到了观众们的认可和喜爱。如预期
的一样，《天女散花》得到了日本观众的热
烈欢迎。

梅兰芳原先准备在东京的演出剧目还有
《春香闹学》、《嫦娥奔月》、《晴雯撕扇》等，但

在日演出《天女散花》剧照

实际上，梅兰芳在东京只演了五出戏，这是因
为日本剧场没有每天更换剧目的习惯。所以，另
外几出就未能在东京上演。但梅兰芳很尊重日
本剧场的习惯，并没有表示任何不满，倒是有

带你走进博物馆

《思凡》剧照

《天女散花图》

我们在前面讲了《天女散花》是梅兰芳排演的一出古装神话歌舞剧，这一作品后来也被演绎作一幅经典的绘图。此幅画作是由国画大师徐悲鸿所绘。

梅兰芳与徐悲鸿生前曾是好友，梅兰芳纪念馆收藏的一幅《天女散花图》，既是梅、徐密切交往的见证，更是两位大师以不同的艺术形式进行合作、进行创作的真实写照。那是1918年春，时任北京大学画传研究会导师的徐悲鸿，在一次观看梅兰芳主演的古装戏《天女散花》后，被剧中天女明丽的形象和美妙

些日本人在报刊上发表文章对剧场不知变通的行为十分愤慨，而对梅兰芳的大度表示钦佩。

徐悲鸿《天女散花图》

芳的热情支持下，徐悲鸿用7天的时间，以写实的手法，成功地创作了一幅《天女散花图》。画毕，徐悲鸿在画的右上方题诗一首，最后落款："戊午暮春为畹华写其风流曼妙、天女散花之影。江南徐悲鸿。"此画画法细腻，画中人物栩栩如生，呼之欲出，形象地再现了梅兰芳在舞台上塑造天女的一个永恒的瞬间，乃是徐悲鸿传世数量极少的早期作品中最具代表性的作品。此画在赠送梅兰芳时，恰好被当时北京的大名士之一、诗人、梅兰芳好友罗瘿公看到，他极为赞赏，并即兴在画上添一首绝句："后人欲识梅郎面，无术灵方更驻颜。不有徐生传妙笔，安知天女在人间。"罗瘿公的诗、书俱佳，又为画作增色不少。这就是当年北京广为流传的"人间天女梅兰芳"赞语的由来。这幅作品后来成了梅兰芳最珍贵的藏品，并一直陪伴着他度过了不平凡的一生。

的舞姿所打动，萌发了进行美术创作的强烈欲望。尽管梅兰芳当时演出很忙，应酬很多，但还是在各方面对徐悲鸿提供帮助。在梅兰

带你走进博物馆

与杨小楼的合作

　　杨小楼，清末民初最著名的演员之一，当时被誉为梨园界的武生泰斗。早在清代末年，就常被请进宫里演出，并得到慈禧的特别垂青。杨小楼家与梅兰芳家为世交，两人同院居住，彼此十分要好。说到梅兰芳与杨小楼的交情还得重回到梅兰芳7岁的时候，那时，梅兰芳在一个私塾读书。有一次，梅兰芳没有背书，为了躲避私塾先生的一顿打，于是逃学了。他跑到了一条干涸了的小沟旁，正要将书包往沟眼里塞，忽然有一只大手把他连人带书包拎了起来说："不念书，竟逃学，看你还逃不逃了！"梅兰芳以为这人要把自己扔下去，吓得浑身哆嗦，连声求饶："我不逃了，我再也不逃学了。"这人便是杨小楼。杨小楼比梅兰芳大十六岁，梅兰芳十分佩服杨小楼，他说杨小楼在戏剧界是"一位出类拔萃、属一属二的典型人物"。杨、梅两人首次合作是在1916年，因当时梅兰芳改搭别的社，两人的合作也没有持续很长时间。1920年冬天，梅兰芳和杨小楼决定合组一个戏班，取名为"崇林社"。杨小楼为这个新社起名的时候，颇费了一番心思。"林"字由双"木"构成，杨小楼的姓氏"杨"字的偏旁和梅兰芳的姓氏"梅"字的偏旁都是"木"。两人合作，双"木"为"林"，"崇林"的内涵也就意味深长。

　　对杨小楼的提携，梅兰芳自然是感激不尽，但是那些靠杨小楼吃饭的人却不高兴了。梅兰芳小小年纪，怎么能和杨小楼并驾齐驱？双"木"并排，戏份儿该怎么拿？解决这一问题的办法出来了，就是梅兰芳也拿头牌的戏份儿，而杨小楼再拿一份，这样一来，杨小楼的收入就会大大高过梅兰芳了。杨小楼和梅兰芳都默认了这种安排。

崇林社开演的最初一段时期，杨小楼继续拿着他那一份加钱，直到有一天，该梅兰芳唱大轴戏《嫦娥奔月》了。可是，那天奇冷无比，这样的鬼天气，能有几个人去看戏呢？前一天，杨小楼演《冀州城》，卖出去一千张票，如果上座率不如他，梅兰芳就惨了。梅兰芳犹豫不绝，但又不能回戏（临时罢演），在好友齐如山的陪同下，梅兰芳坐上车前往剧场。到了离剧场不远的地方时，他们一下子发现大街两边挤满了汽车、马车和人力跑车，这下子，梅兰芳才缓过劲来。那天晚上，一共卖出去1800多张票，不仅超过了崇林社开戏以来的最多观众人数，而且打破了这个剧场自建立以来的最高上座记录。

第二天，看着自己手里的180块钱，杨小楼不由地叹了一口气："人家唱戏，咱拿钱。"他对送钱来的朱幼芬嘱咐道："兰芳是我眼看着他长大的。现在居然有这么好的人缘，这么大的力量。他小时候我常背着他玩耍，实在不是外人。以后，我也不拿加钱了。我的戏份儿，跟兰芳一样就得了。"从此，杨小楼在戏班里与梅兰芳平起平坐，再也不会"小瞧"他了。

《霸王别姬》

1921年年底，杨小楼与梅兰芳合演齐如山编的《霸王别姬》一剧。当时，这出戏在虞姬自刎后霸王的乌江大战失败时结束。然而，在此戏的演出过程中，观众往往还没等到霸王的乌江大战开始，就显得不耐烦起来。虞姬一死，观众们纷纷起座离开戏院。

这出戏，本来是分两天上演。这样一来，无形中就拖延了演出时间，而就剧情来讲，霸王已经别姬，下面的戏与剧情的关系不大，再继续演下去，当然是吃力不讨好的事

改为一天演完。

《霸王别姬》剧照

梅兰芳在这出戏里倾注了大量的心血，无论在唱腔、舞蹈，还是在服装和舞台灯光设计方面，都下了很大功夫。值得一提的是，剧中虞姬的舞剑，可不是单纯卖弄技巧、工夫，而是把感情融合进去。在排演之前，梅兰芳特意请了一位武术教师教授太极拳和太极剑。梅兰芳的"虞姬"的舞剑动作既精炼，又有层次变化，既掌握分寸不狂舞，又保持了美的造型。在舞剑中的许多亮相，或是在项羽唱"垓下歌"时，虞姬与之的对舞亮相，都给人一种浮雕美的感觉。

了。事实上，经过了梅兰芳的精雕细刻，潜心琢磨，他饰演的"虞姬"也确实与杨小楼的"霸王"双峰并峙、分毫不让的，尽管这出十三场之长的戏中，属于虞姬的场次只有三场。鉴于这场戏，戏较松散，戏幅也偏长，就有人建议，只以"被困别姬"一场为核心，

经过几个月的筹划排练，《霸王别姬》于1922年初在北京第一舞台首次演出。在这出戏中，霸王项羽一角，与梅兰芳合演过的除杨小楼以外，先后有六个演员。例如，当年梅兰芳赴香港演出，当时杨小楼患病，未能

带你走进博物馆

同行，所以特邀了武生演员沈华轩配演霸王；1923 年去上海演出，请著名武生周瑞安配演等。梅兰芳生前演出此剧不下数百次，越演越精，成了最有代表性的梅派名剧，广传后世。

与泰戈尔欢聚一堂

泰戈尔，印度著名作家、诗人。他 1924 年访问中国，在诗人徐志摩的陪同下，先后到上海、南京、济南、北京进行讲学。这位文学泰斗又与梅兰芳发生了什么故事呢？泰戈尔正好在中国迎来了他 63 岁的生日，北京的文化界和戏剧界的人士为了庆贺他的生日在协和医院礼堂用英文演出了泰翁的话剧《齐德拉》。这天，梅兰芳也参加了欢迎仪式，而且坐在了泰翁的身边。演出结束后，泰戈尔对梅兰芳说："在中国能看到自己的戏很高兴，可我希望在离开北京前还能看你的戏。"

5月19日，梅兰芳在开明戏院为泰戈尔

印度画家难达婆薮绘大型油画《洛神》

带你走进博物馆

带你走进博物馆

专演一场《洛神》。泰戈尔身着他所创办的国际大学的红色长礼服来到现场，自始至终观看得非常认真。演出结束后，泰戈尔到后台向梅兰芳道谢说："我看了这出戏很愉快，有些感想明日见面再谈。"次日中午，梁启超、姚茫父和梅兰芳为泰戈尔饯行。席间，泰戈尔先赞扬了梅兰芳的表演，然后开诚布公地对昨天的戏提出了意见。他认为这个美丽的神话剧，应该从各个方面来体现诗人的想

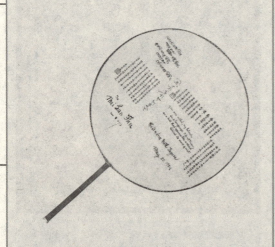

泰戈尔纨扇赠诗

象力，而剧中所用布景显得平淡，并在色彩和具体的布景上提了很多具体的建议。梅兰芳后来尊重他的意见，重新设计了那一幕的布景，果然取得很好的效果，此后就一直沿用下去。泰戈尔那天还即兴赋诗一首，用手笔写在一柄纨扇上，赠予梅兰芳留念。原诗是孟加拉文，他又亲自译成英文，一并写在上面。后来这首诗被译为白话诗：

　　　　亲爱的，

　　　　你用我不懂的语言的面纱

　　　　遮盖着你的容颜；

　　　　正像那遥望如同一脉缥缈的云霞

　　　　被水雾笼罩着的峰峦。

梅兰芳也作了一首长诗，以纪念这位大文豪与自己的这段友谊。长诗发表在1961年5月30日的《光明日报》上，题目为《追忆印度诗人泰戈尔》。

泰戈尔回国前曾热情地表示，希望梅兰

芳能访问印度，使印度人民能有机会欣赏他的表演。遗憾的是，梅兰芳却一直没能实现这一愿望。

王储夫妇访问梅家

20年代的梅宅几乎成为了外国宾客的必访之地。当时位于北京东城无量大人胡同寓所是一个三进的院落，修有荷花池、长廊、假山花园，还盖有一座西式的二层楼。这一寓所吸引了无数的国外友人，成了中国当时民间外交的沙龙。瑞典王储古斯塔夫六世就是其中一位。1926年10月，古斯塔夫六世以私人的名义偕其王妃、礼官、侍从来到北京，此时正在济南演出的梅兰芳听到消息后，立即返回北京，决定自己筹备一个茶话会招待王储夫妇，王储夫妇也欣然接受了邀请。

北京无量大人胡同寓所

在寓所与瑞典王储古斯塔夫六世夫妇会见纪念

当天，王储就中国戏剧艺术问题与梅兰芳会谈良久，梅兰芳也亲自在室内小戏台上演出了昆曲《玉簪记》中《琴挑》一折，另外还表演了《霸王别姬》中的舞剑一场。散戏后，在梅兰芳卸装时，王储浏览客厅内的摆设。在案头上看到一块田黄兽头图章，拿在手中仔细观赏，把玩良久。梅兰芳见到这番情景，知道王储是位考古学家，便把这块珍藏多年的古章赠给他留作纪念。王储十分欣喜，一再表示感谢，并表示他将以此物当作传家宝，以此珍视中国艺术家梅氏慷慨馈赠之情。

在王储和梅兰芳的会谈中，还有一个小故事，梅宅客厅沙发面前摆着一张茶几，这个茶几是紫檀木的小炕桌，桌面上是竹刻留青阳文通景山水，是出自明代名工巧匠的大手笔。王储对小桌极为赞赏，这时他看到桌面上摆着一些茶具，就说："这小桌是一件十分珍贵的艺术品啊！磁与竹是坚硬的，磨损日久，恐有损伤，希望在桌面上放上一块玻璃板，以免损坏竹雕。"梅兰芳接受了这一建议，让这件艺术品得到了更好的保护。这一小竹桌现在陈列在梅兰芳纪念馆里。

四大名旦

梅、尚、程、荀这四位的表演艺术，是当时全国知名、人人所公认的我国京剧界旦角的四大流派。那时，他们在北京京剧舞台上争妍斗艳，大受观众欢迎。

1927年在北京出版的《顺天时报》刊登了一则"征集五大名伶新剧夺魁投票"启事。启事说：为鼓吹新剧，奖励艺员，举行征集五大名伶新剧夺魁投票。在投票规定中，注明名伶为梅兰芳、尚小云、程砚秋、荀慧生、徐碧云五人，要求从这五人所演的新剧目中选出最好的各一出。报馆请各地读者公开投票选举，这颇有当下流行的选秀的意味。这

四大名旦：程砚秋、尚小云、梅兰芳、荀慧生（从左至右）

次投票选举历时一个月，梅兰芳当选剧目为《太真外传》、尚小云的当选剧目为《摩登伽女》、程砚秋的当先剧目是《红拂传》，荀慧生的当选剧目是《丹青引》，徐碧云的当选剧目是《绿珠》。选举揭晓时，列出前六名是：梅兰芳、尚小云、程砚秋、荀慧生、徐碧云、朱琴心。当时称"六大名旦"，其后不久，朱琴心和徐碧云辍演舞台。1931年，上海《戏剧月刊》发起征文评论梅、尚、程、荀"四大名旦"，梅兰芳以565分名列榜首。

梅、尚、程、荀各派，既是竞争对手，又是互相学习的榜样。梅兰芳表现出"四大名旦"之首的谦逊精神，无论在北京还是在外地演出，他首先考虑错开尚小云、程砚秋、荀慧生，如果实在错不开，也尽量不和其他三位唱同一出戏。所以四大名旦虽然在舞台上是互相竞争的对手，但在私底下是很不错的朋友。1931年，四人通力合作演

《太真外传》剧照

出《四五花洞》，长城唱片公司老板张啸林就为之专门灌制了一张唱片。这张唱片被人们誉为"四大名旦"合作的精品，风靡一

时，而这次珠联璧合的合作使"四大名旦"之称得到社会的公认。

这次的民间选举活动，不仅确立了"四大名旦"的称谓，而且标志着中国京剧的表演艺术来到了它的转折时期。随着观众心理与社会风气的转换，在此之前一直独领风骚的老生，已无法独霸剧坛盟主的地位，逐渐地让位于后起的旦角。

与卓别林交往

1930年梅兰芳率剧团远赴美国访问演出，在此期间，他结识了不少美国文艺界和电影界的著名人士。其中，他与电影大师查里·卓别林、著名电影演员范朋克及其夫人著名电影明星玛丽·壁克馥女士结下了深厚的友谊。

剧团在旧金山的演出结束后，抵达了下一个城市洛杉矶。当晚梅兰芳应剧场经理的邀请去夜总会与文艺界及电影界的人士聚会。在那里梅兰芳第一次与卓别林见了面，他们紧紧握住双手，互相问好。卓别林激动地说："我还没有看过您的表演，但高兴的是能先见到您本人，幸运的是我将在明天晚上看到您这位享有声誉的天才演员的精湛表演。"梅兰芳对卓别林说："我在银幕上早就

梅兰芳与电影大师卓别林

认识您了，刚才见面时，简直不敢认，银幕上下您真是判若两人。"梅兰芳简直无法把眼前这位风度翩翩、具有绅士风度的电影大师与在银幕上见过的长着一撮小胡子、拎着拐杖的滑稽形象联系起来。那天晚上，两人谈得很投机。卓别林告诉梅兰芳，他早年也是舞台演员，后来才投身电影界。他对中国戏剧中的丑角表现出了一种特殊的兴趣。梅兰芳介绍了中国戏剧中丑角的一些情况："中国戏中的丑角也是非常重要的，悲剧里少不了他。可惜这次带来的节目当中，这类角色不太多，所以剧团没有约请著名的丑角同来，只有《打渔杀家》里有一个替恶霸保镖的教师爷，是用丑角扮演的。"卓别林听了似乎感到有些遗憾，梅兰芳便邀请他到中国访问，到时就能看到很多名丑的表演了。卓别林答应了下来。

六年后的1936年2月9日，卓别林路过上海，上海文艺界在国际饭店设宴欢迎他。当时，卓别林一见到梅兰芳，就用双手按着他的两肩说："你看！现在我的头发大半都已经白了，而您呢，却还找不出一根白头发，这不是太不公道了吗？"虽然是一句玩笑话，梅兰芳还是可以想到他近几年的境遇并不十分顺利。梅兰芳紧握住他的双手说："您比我辛苦，每部影片都是自编、自导、自演、自己亲手制作，太费脑筋了，我希望您保重身体。"

一别六载，两人再度在上海相逢。当时，卓别林的《摩登时代》刚刚杀青，又逢新婚，便携妻子宝莲·高戴（《摩登时代》女主角）蜜月旅行到达上海。当晚，梅兰芳陪同卓别林夫妇先观看了上海当时十分流行的连台戏，又马不停蹄地带他们到新光大戏院观看了马连良的《法门寺》。卓别林只在上海停留了短短一天，梅兰芳几乎陪了他们一天。但尽管是短短一天，中国永远留在了卓别林的记忆中。

《抗金兵》《生死恨》

九一八事变爆发之后，梅兰芳一家搬到了上海。此时的上海，虽然没有在北平时那种"兵临城下"的感觉，但是空气中也充斥着浓重的火药味。在这段不寻常的日子里，梅兰芳和朋友们共同为当时的形势担忧。梅兰芳深知他作为中国人，更作为一名演员，他的贡献只能是作品。经过四个月的准备，《抗金兵》在天蟾舞台上和观众见面了。梅兰芳在舞台上塑造了一个威风凛凛、英勇抗战的女英雄形象。剧中梁红玉誓死卫国抗战，以鼓舞将士们奋勇杀敌的豪迈气概，这对当时渴望抗战救亡、收复失地的中国人民确实是个很大的激励。表现当时老百姓处于水深火热的环境中，

《生死恨》剧照

还有另一部历史剧《生死恨》。

《生死恨》表现的是一个凄惨的爱情故事。在《生死恨》这部传奇作品中，梅兰芳通过对韩玉娘这个普通中国妇女苦难遭遇的描写，寄托了当时整个民族所遭受到的乱离之痛。外敌入侵，国土破碎，人民颠沛流离。

梅 兰 芳 纪 念 馆

带你走进博物馆

这时，舞台上的梅兰芳正在唱："恨金寇犯疆土贼狼成性，杀百姓掠牛羊毁我家乡……"听见这句唱词，秀木脑羞成怒，牙齿咬得咯咯直响，眼睛越睁越大，闪着凶光。他猛地站起来一挥手，楼上忽然传来一片枪响。接着，又是一声口笛，一个日本浪人一下子窜上舞台，丢下了一颗燃烧弹。舞台上检场员眼明手快，抱来一件棉大衣，往上一扑，又找来热水瓶，将水浇了上去，随着又用脚踩。这时的梅兰芳，仍站在舞台上，发现坐在偏座上的秀木正在得意洋洋地看热闹。梅兰芳顿时明白了这是一次早有预谋的捣乱行为，他狠狠地瞪了一眼秀木，拿起雕翎剑，腰板一挺，有力地说了一声："演下去！"霎时锣鼓声又响起来，他镇定自若地唱了起来。原本因这场闹剧哗然一片的观众席突然爆发出一阵排山倒海般的掌声，大家都被梅兰芳那威武不屈、正义凛然的形象感动了。

《抗金兵》剧照

　　《生死恨》公开演出后，观众的反应及其强烈。演出激发了广大中国军民的抗战热情，也触怒了驻扎在上海的一些日本官员。一次，梅兰芳正在剧场里演出此剧，上海社会局日本顾问秀木带领着几个日本浪人闯进了剧场。

与大师切磋交流

梅兰芳于1935年应对外文化协会的邀请访问苏联。与苏联著名电影导演爱森斯坦的合作，是梅兰芳访苏演出期间的一件有意义的事情。

爱森斯坦喜爱中国的戏曲艺术。早在1930年，他应邀前往美国好莱坞时，就曾从卓别林那里得知了梅兰芳这位中国艺术家的卓越成就。梅兰芳在赴苏演出途中候车时，从一份1935年2月25日上海《时事新报》上，无意中看到了一篇苏联文艺界人士就自己赴苏演出答记者问的报道，其中就有爱森斯坦的两段谈话。爱森斯坦虽然没有亲眼观看过中国戏曲，但是他对中国艺术在观念上的理解使梅兰芳深受感动。梅

梅兰芳在苏联拍摄《红霓关》电影片段

带你走进博物馆

梅兰芳与苏联导演爱森斯坦等人合影

兰芳一下子就记住了爱森斯坦的名字。

梅兰芳在莫斯科演出了几场戏后，爱森斯坦找到了梅兰芳，并邀请他拍一段有声电影。爱森斯坦选择了舞蹈性较强的剧目《虹霓关》里东方氏和王伯党对枪歌舞那场。等梅兰芳同意之后，他安排了开拍的日期，最后笑着说："现在我们是好朋友，等到拍电影的时候，你可不要恨我呀！"梅兰芳也笑了起来，问：

"何至于如此？"爱森斯坦解释道："演员和导演，在摄影棚里，常常因为工作上意见不合，有时候会变得跟仇人一般哩！

开拍之前，爱森斯坦重复了他的目的："这次拍电影，我打算忠实地介绍中国戏剧的特点。"梅兰芳说："拍电影应该服从导演，我们就听您的指挥吧！"正式开拍时已接近午夜。爱森斯坦处理镜头的方法，比梅兰芳在美国拍《刺虎》时又复杂了许多。镜头的角度、远近，变换频繁，拍了停，停了拍，斟酌布置的时间耗费得相当长，再加上录音、画面有时也出问题，不时地重拍，四五个小时下来，演员们逐渐地有些支持不住了。拍最后一个镜头时，因录音发生故障，一连拍了两次，爱森斯坦还是不满意，要求重拍第三次。人们已经有些不耐烦了，梅兰芳更是疲惫不堪。就在梅兰芳感到非常疲倦，想要赶快卸装休息时，爱森斯坦走到他的面前，亲切而诚恳地说："梅先生，我希望您再劝大家坚持一下，拍完这个镜头就圆满完工了。这虽然是一出戏的片段，但我并没有拿它当新闻片来拍，而是作为一个完整的艺术作品来处理的。"梅兰芳为他诚挚的态度和一丝不苟的工作精神所感动，说："您看好镜头，马上再开始拍摄，我们一定要坚持到把它拍好为止。"最后一个镜头终于拍完了。爱森斯坦由衷地竖起了大拇指："在这短短一天的合作中，我已感到你是一位谦逊的善纳忠言的演员，你如投身电影界，也必定是一位出色的电影演员。"

之后，两人又就电影和戏剧之间的关系问题交流了一些看法。临别前，爱森斯坦将他的一本美学著作赠给梅兰芳留念。梅兰芳十分珍视他同爱森斯坦之间这种友好合作的情谊。直到五十年代末期，他还曾多次对人谈起这段难忘的经历。

带你走进博物馆

带你走进博物馆

初试银屏

梅兰芳第一次"触电"是在1920年，由商务印书馆摄制组给他拍摄了《春香闹学》的片断。此后，1924年又拍了《黛玉葬花》等电影片断，还拍了《西施》中的羽舞、《霸王别姬》中的剑舞等。那时只能拍无声电影，在银幕上我们也只能看到其表演而听不到唱腔。

梅兰芳从小是个电影迷，那时的电影还是黑白无声片。当然，在以后的日子中，随着表演艺术逐渐成熟，梅兰芳就开始揣摩电影演员丰富而细腻的面部表情。同时，他总有一种遗憾，就是没有办法做到像电影演员那样，坐下来能观摩自身的表演。梅兰芳渴望着有朝一日也能把自己的表演搬上银幕，而不是只作为一次性的剧场演出。

机会终于找到了梅兰芳。商务印书馆的李拔可先生找到了梅兰芳，想请他拍两部戏试机。梅兰芳跃跃欲试，因为他早已开始留心各种机会。当时在场的一位朋友主张拍《天女散花》，而梅兰芳自己想拍《春香闹学》，结果决定二者都拍。由于没有导演，梅兰芳尝试着既当导演，又当演员。梅兰芳虽然对拍电影没有经验，但他根据自己看电影的体会，做了一些准备。他对自己一系列的动作、表情和唱腔重新设计了一下，以便适应各种镜头的需要。在春香出场时的一个特写镜头里，梅兰芳用一把折扇先把脸遮住，当镜头慢慢拉开后，扇子往下撤，渐渐露出脸来，接着又做了一个顽皮的笑脸，将春香天真活泼、聪明伶俐的性格一下子呈现在观众面前。当拍到春香假领"出恭签"去逛花园一场时，梅兰芳遇到了麻烦。镜头在一家借来的私人花园拍摄，花园

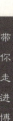

《春香闹学》剧照

的草坪就是梅兰芳表演的舞台。扑蝴蝶、拍纸球、打秋千，梅兰芳从来没打过秋千，站在上面战战兢兢地把握着重心，不敢摇晃，生怕掉下去。但后来拍好了再看，倒也符合春香"花面丫头十三四"的年龄和心态。《天女散花》这场戏，占用的时间很长，拍摄的过程也是十分费劲的。不是焦点不对就是画面跑出了镜头，再加上不按照原本在舞台的位置做身段，只要稍微有差错，大队人马就得重新再来一遍……

电影拍完之后，梅兰芳回到了北京。直到那年冬天，梅兰芳终于在北京真光电影院里看到了银幕上的自己。虽然由于拍摄技术的落后，有很多处理不当的地方，但梅兰芳还是高兴极了，毕竟实现了他的一个梦想。始料末及的是，随着《春香闹学》和《天女散花》两部电影在全国各大城市放映，梅兰芳的名声一下子传遍了大江南北，拷贝甚至发行到了海外南洋各埠，受到了广大侨胞的欢迎。

三、梅兰精神　永世留芳

梅兰芳纪念馆

带你走进博物馆

蓄须明志 自伤抗敌

1938年，梅兰芳再次率剧团到香港演出，由于日军侵占上海，演出结束后，梅兰芳没有随团返沪，就留在香港隐居。梅兰芳住在一栋半山腰的四层楼的公寓，他住的是二楼的一套房间。他每天在家里看看报，打打太极拳，听听收音机，过着深居简出的生活。每周有两天时间，他要请来老师教他英文和中文语文，还请了一位体育老师和他打羽毛球，通过打羽毛球这项运动，他不但锻炼了身体，还保持了体形。梅兰芳除了通过运动保持体形外，还一刻不曾松懈的坚持练功吊嗓子，他坚信祖国的抗战一定会胜利，到那时侯，他要再次登上舞台，用最好的状态把自己的艺术献给广大的观众。

但是，形势的发展越来越不利了，日军的进攻越来越猛烈，1941年日本攻占了香港，梅兰芳原本还算平静的隐居生活也被打乱了。他的很多友人为了躲避日军而到他家避难，维持十几个人生活的重担也压在了他一个人的肩上。他本来很注重洁净，每天都要刮胡须，但由于心情变得越来越沉重，他

梅兰芳蓄须照

74

的唇颊上渐渐的有了髭须。有一天，一个日本军官突然来到梅兰芳的住处，开口便说"我是来请梅兰芳先生的"，梅兰芳只能跟着他来到日军司令部，那位日军军官一阵寒暄后，就盯着梅兰芳的胡须说："像您这么一位大艺术家，要是退出舞台，就太可惜了！"可梅兰芳却平静地说："我是唱旦角的，现在上年纪了，扮相不行了，嗓子也坏了，唱不了了。"就这样，他粉碎了日本侵略者诱逼他出演的企图。从此，梅兰芳便开始留起了胡须。

由于香港已经沦陷，和上海没有区别，再在香港待下去也没有了意义，1942年的夏天，梅兰芳回到了上海。但回到上海后，日本人还是不断的骚扰、利诱甚至威胁梅兰芳为他们演出。有一次，汪伪政府邀请他出任团长，率京剧访问团赴南京、长春等地演出，以庆祝"大东亚战争"胜利一周年，日本人也出面威胁他，如拒绝演出则要对他"不客气"。梅兰芳就让保健医生给自己连着注射了三针伤寒针，结果发高烧42度，敌寇威逼他演出的企图就这样再次被粉碎了。他就是这样不惜损害自己的身体也坚决不为敌寇演出，留下了"蓄须明志，自伤抗敌"的千古美谈。在梅兰芳先生逝世后，我国著名剧作家、国歌的词作者田汉先生曾做诗歌颂此事：

八载留须罢歌舞，坚贞几辈出伶官？
轻裘典去休相虑，傲骨从来耐岁寒。

《春消息》

梅兰芳由于长期罢演失去了经济来源，很快陷入了靠典当度日的困境。自从回到上海，他就杜门谢客，只以绘画自遣，他在仕女、花卉方面用功最深，也颇有些成就，所以他的朋友们就鼓励他开个画展，以卖

带你走进博物馆

梅兰芳绘《春消息》

画来补贴家用。1944 年，时近端午节的一天，梅兰芳与汤定之、吴湖帆、李拔可、叶恭绰、陈陶遗等友人相聚，梅兰芳拿出他的画请大家指点。李拔可在看过梅兰芳的画后，认为他的画大有进步，提议让他开个画展。吴湖帆建议可由梅兰芳画梅，叶玉虎画竹，两人合开画展。梅兰芳受到鼓励，便更加努力作画，在 1945 年春天，在成都路中国银行举办了他和叶玉虎两人的画展，获得成功。

艰苦的岁月总要过去，梅兰芳一直坚信春天定会到来。1944 年，一个风雪的寒夜，他在听完短波无线电后，兴奋地对家人和朋友说："刚才无线电里报告好消息，日本又吃了一个败仗。"说完，他乘兴画下一幅"老干峥嵘"的傲雪的红梅，题作《春消息》。一张松树斗方，上面摘取前人诗句以自励：

岂不罹霜雪，松柏有本性。

严厉而深沉的父爱

作为一位表演艺术大师，梅兰芳以其艺术的精湛和人格的高尚深受观众欢迎。作为父亲，梅兰芳也一直是儿女们最值得骄傲和尊重的人生导师。梅兰芳对子女的教育态度始终是很和蔼，但又是很严肃的，他从不会因教育儿女而发脾气，永远是以理服人，婉言开导。

梅兰芳在幼子葆玖决定学戏以后，总是希望其他两个儿子葆琛和绍武不要都学戏剧这一行，因为他觉得自己的孩子应该做各种不同的工作，同时，因为两个儿子都在外念书，年岁也比较大了，已经不再适合学戏了。

有一天，梅兰芳对长子葆琛说："你虽然也喜欢京剧，好学胡琴，那就在业余时间学吧，我希望你能上大学。"从此，梅兰

梅兰芳一家香港留影

芳便开始非常关心葆琛的升学，考哪个专业，喜欢读哪个专业，将来干哪项工作，都经过他细致周密的考虑。最终，在梅兰芳的严格要求下，葆琛在1948年考入了上海震旦大学理工学院（解放后合并于上海同济大学）。上大学以后，葆琛便开始挤出一些时间，慢慢学习起拉胡琴来，随着不断

地练习，技术也有了很大的进步，渐渐地葆琛开始真的想投身戏曲这一行了。发现这一问题，梅兰芳及时地提醒儿子："你已经上大学了，要安心念书，将来当个出色的工程师。你最近拉二胡有很大进步，手音、指法、弓法都很不错。业余时间玩一玩是可以的，多掌握些东西是好的，在念书太紧张的时候，可以用它作为消遣，调节精神是有好处的。以后我演出时，如有机会，你也可以客串一场。但如果你白天念书，晚上学二胡，还听戏，对学业会有影响的，精力不充沛，脑子就不好使，功课又怎么跟得上呢？常此下去是不行的，希望你分清主次，以学业为主。"葆琛听从了父亲的教诲，专心于学业，同时也学习二胡，终于成为了一名优秀的工程师，并且能够在《霸王别姬》、《凤还巢》等剧目的演出中为梅兰芳伴奏。

重登舞台

漫长的冬夜终于过去了，1945年8月日本宣布无条件投降。听到这个消息，梅兰芳马上剃掉了髭须，精神抖擞地加紧排练，准备重登舞台。

10月，梅兰芳在时隔八年之后，再次登上了他再熟悉不过的戏曲舞台，在上海美琪

重登舞台前在沪寓所
由琴师王少卿为之吊嗓

大戏院和俞振飞合作演出了《断桥》、《游园惊梦》、《奇双会》等昆曲剧目。上海的观众再次看到他们所敬爱的艺术家的演出，都难以抑制心中的热情，随着舞台上情节的跌宕起伏，观众席中不时爆发出热烈的掌声。梅兰芳一旦再次登上舞台，就又开始一刻不停歇为他的观众们奉献自己的艺术。因为抗战刚刚胜利时南北交通尚未恢复，剧团成员又大多住在北平，所以梅兰芳只能和南方演员合演昆曲，1946年4月，他又重新组班排练京剧，这一年的秋天开始在上海南京大戏院公开演出，并约请了著名琴师徐兰沅和王少卿，他的老友著名演员萧长华、姜妙香、刘连荣、王少亭、李春林、姚玉芙、王琴生等也从北平赶来上海为他助阵。首场演出是《宇宙锋》，梅兰芳扮演的赵艳蓉一出场，台下便爆发出雷鸣般的掌声。当赵女踩着锣鼓点，轻盈的走向台口，眼神含蓄，面带愁容

的道白"杜鹃枝头泣，血泪暗悲啼"的引子时，台下在短暂的安静后，又响起热烈的掌声。台下观众的情绪一直跟着台上赵女的喜怒哀乐而起伏。梅兰芳受到观众们的鼓舞，也毫无保留地奉献出了他那经过千雕万琢的艺术。赵女在父亲答应"修本"救自己丈夫时显出的意外的希望，在父亲逼她嫁给秦二世时的断然决裂，在金殿上的坚贞不屈，在昏庸的秦二世面前故意地高视阔步、旁若无人，都深深地打动着台下的观众。戏演完后，梅兰芳在热烈的掌声中谢幕达十余次，观众们涌到台前，向他致意，梅兰芳满脸笑容地对观众们频频回谢。散场以后，观众们的热情还未消退，有些人拥挤在剧场后门争着一睹梅兰芳的风采，警察就在旁阻挡，维持秩序。梅兰芳知道后说："不要阻止他们，因为大家都是欢迎我，才来等我，况且他们看完戏已经够累了，还等了我半天，让他们看

上海美琪大戏院

迎接新中国

在解放战争的3年时间里，梅兰芳的主要活动以演戏为主，对于政治并没有太多的接触。不过，对于上海文艺戏曲界进步人士的活动，他也并非漠不关心。

1946年5月，上海警察局下令实行"特种职业登记"，扬言"艺员登记势在必行，话剧演员亦不例外"。这一行为明显带有侮辱性质，引起以田汉、周信芳为首的戏剧界进步人士的强烈不满。不久，上海戏剧界组成了"拒绝艺员登记委员会"，会员有田汉、周信芳、赵丹、白杨、欧阳山尊等。委员会在新利查西莱社举行招待新闻界茶话会，会上田汉讲话说"剧艺界同人不要妄自菲薄"，"只有文艺与戏剧才是代表国家的"，"郭沫若先生从苏联回

看也没什么关系。"于是，他向等他的观众们举手打招呼，大家也自动让出一条路来，在一片掌声和欢呼声中，梅兰芳登上了汽车。

梅兰芳登台重演后的演出场场爆满，在中国大戏院演出时，戏院的经理想出了一个办法，用霓虹灯作了个"客满"的字牌，晚上人们老远就能看到了。从此，各剧院纷纷效仿，这种办法一直沿用到现在，这也是由梅兰芳登台重演后的一种创举。

梅兰芳在天安门城楼上参加开国典礼

来说，苏联人士只知道鲁迅和梅兰芳，而根本不知道谁是警察局长"。在戏剧界进步人士的联合抵制下，上海警察当局最终不得不取消了对于戏剧界人士的侮辱性条款。

梅兰芳本来就一直在为争取戏曲演员在社会上的合理地位而努力，因此，这些进步人士的活动也引起了梅兰芳的强烈共鸣。但是，当时梅兰芳所参与的也只是与戏剧有关的一些活动，而并不直接涉及政治。

1947年3月，梅兰芳应邀参加了田汉的祝寿活动。其实这不是一次普通的祝寿，而是一次以祝寿为名的向国民党当局示威的带有明显政治色彩的活动。13日下午，祝寿活动在上海西藏路上的宁波同乡会举行。参加

活动的人数据说达到2000人，与会者除了梅兰芳、周信芳等伶界代表外，还有民主人士代表沈君儒、柳亚子、罗隆基，左翼文艺界代表郭沫若，作家代表叶圣陶，话剧界代表洪琛、熊佛西、曹禺等。会上，梅兰芳、周信芳、熊佛西等人先后发言，盛赞田汉对戏剧的杰出贡献。通过这次活动，梅兰芳进一步接近了左翼进步人士。

1948年底，随着国民党在军事上的节节败退，每个中国人，无论是一向关心政治的，还是对政治敬而远之的，都面临着人生的一大抉择：是去还是留。客观地讲，当时的梅兰芳对于政治、对于共产党依旧没有什么清楚的认识。他的好友齐如山前往台湾之前，曾劝说过梅兰芳，但梅兰芳却一直不为所动，齐如山最终以一句常用的戏曲台词"再思啊再想"结束了长篇的唠叨。而梅兰芳也确实"再思啊再想"了

一番。梅兰芳想留在大陆也没有什么不妥，再者有很多同业还需要他照顾，真的不忍心舍弃他们不管。

随着解放战争逐步接近尾声，共产党和进步人士与梅兰芳的接触也逐渐频繁起来。这段时间里，梅兰芳曾被安排在中法大药房药剂师余贺家里与周恩来进行了会面。之后，上海地下党又派夏衍、熊佛西前往梅兰芳家中挽留梅兰芳。这些人的劝说和形势的发展使梅兰芳越来越清楚地认识到了蒋介石政权的腐朽，他终于下定决心留在大陆。

1949年10月1日，梅兰芳作为文艺界的代表参加了开国大典，当他站在天安门城楼上观看阅兵仪式的时候，他深切地感受到了人民的力量，正如他在1949年9月的政协会议上发言时所说："我看清楚了，解救中国的真正力量是共产党领导的人民革命。"

重返北京

建国初期，梅兰芳仍然居住在上海，当时为了方便梅兰芳的工作和生活，周恩来总理曾在梅兰芳来北京期间专程看望他，并诚恳地表示希望梅兰芳来京居住，并嘱有关方面尽力促成此事。后来，梅兰芳又先后担任了京剧研究院院长、中国戏曲研究院院长等职务，经常来往于京沪之间，就更为不便。于是，1951年7月，他和家人就正式迁回北京居住。

梅兰芳出生在北京前门外李铁拐斜街的梅家老宅，后来因为家道中落，这处老宅被

护国寺街甲一号住宅大门

带你走进博物馆

梅兰芳在护国寺寓所

变卖了。后来梅兰芳开始登台演出，随着他的逐渐走红，梅家的经济状况逐渐好转，于是在前门外芦草园典下了两所四合院。后来，梅兰芳又买下了东城无量大人胡同的一处宅子。抗日战争期间，由于长期罢演造成经济上出现困难，梅兰芳便把无量大人胡同的房产变卖了。

此次进京，有人劝他还入住无量大人胡同的宅院，但他拒绝了。因为无量大人胡同的宅院在变卖之后已经有居民入住，而且已经几经拆改，如果梅兰芳要重新入住的话，不但要逼使已经在院内居住的居民搬迁，还要对整个宅院进行修整，梅兰芳不愿意给别人带来麻烦，也不想让国家为自己出很多钱来修整住房。最终，梅兰芳选定了护国寺甲一号的一所四合院，作为自己在北京的住处。梅兰芳入住护国寺甲一号后，各种社会活动更加频繁，9月，他参加了首都各界庆祝抗日战争胜利六周年大会。10月，出席了全国政协一届三次会议。接着，又于次年5月参加了有50万首都群众参加的庆祝"五一"游行活动，以及全国文联为纪念毛泽东《在延安文艺座谈会上的讲话》发表十周年举行的座谈会。而随着社会活动的不断增多，梅兰芳居住的小院也慢慢热闹起来，它不但是梅兰芳平日休息起居的场所，更成为他办公、排练和接待客人的地方。由于孩子分别成家和办公人员居住的需要，又在在西跨院和前院南侧盖了房屋，形成了现在的规模。

梅兰芳先生在这所四合院里居住了10年，一直到他去世。在党和政府的关怀下，现在这所四合院已经辟为梅兰芳纪念馆，供人们瞻仰、纪念梅兰芳先生。

赴朝鲜前线慰问

梅兰芳在新中国成立以后，尤其是由上海迁居北京以后，政治地位和社会地位发生了翻天覆地的变化，各种社会活动也开始日益频繁起来。但是，这丝毫没有影响梅兰芳对京剧表演事业的热情，而这段时间里他所参加的演出活动中，为工农兵演出占了最大的比重，而在这些演出中意义最为重大的莫过于随朝鲜慰问团赴朝演出了。

1953年，抗美援朝战争终于结束了，志愿军准备休整一段时间后撤离朝鲜，党中央决定利用这段休整时间组织一次大规模的赴

梅兰芳赴朝鲜慰问

朝慰问活动。贺龙元帅担任了慰问团总团长，梅兰芳与周信芳、马连良、程砚秋等京剧大师一起参加了慰问团。

慰问团第一站来到安东，志愿军战士们为慰问团准备了最好的宿舍，最好的伙食，热情周到地接待着慰问团。当梅兰芳跨进宿舍，发现他的床铺旁的墙上张贴着他与斯坦尼斯拉夫斯基的合影、抗战时期留须照片以及从《人民画报》上剪裁下来的《贵妃醉酒》、《奇双会》等彩色剧照时，激动的泪水模糊了双眼，他深切的感受到志愿军战士对他的热爱，真正体会到"人民艺术家"的真正含义。

梅兰芳在前往前线的途中，不断的被感动着，他"常不由自主地流下感动的眼泪"，他说他的所见所闻所感根本无法用枯燥的文字来表达。于是，他将他的感动融入表演之中。可是，演出当天天公不作美，演出过程中忽然下起了大雨。为了不让行头被淋湿而影响以后的演出，慰问团负责干部通知梅兰芳和梅葆玖中止演出。当天从各部队赶来的战士和附近的群众有将近两万人，他们都想一睹梅兰芳的风采。听说梅兰芳当晚不再出场演出了，大家万分失望，不肯离去，要求和梅兰芳见上一面。这时，梅兰芳和马连良走出化装室，来到前台，在扩音器前大声说："亲爱的同志们，今天我们慰问团的京剧团全体同志抱着十分诚意向诸位作慰问演出，可是不凑巧得很，碰上天下雨，因此不能化妆演出，非常抱歉。现在我和马连良先生每人清唱一段。马先生唱他拿手的《借东风》，我唱《凤还巢》。表示我们对最可爱的人的敬意。"场下顿时响起了热烈的掌声和欢呼声，掌声和欢呼声持续了足足几分钟。梅兰芳就在风雨里，为志愿军战士们演唱了《凤还巢》。后来他回忆说："这一次在雨中清唱，在我数十年舞台生活中，是没有前例的，也是我在赴朝慰问演出当中最难忘的一件事。"

俭朴的生活

梅兰芳作为一代艺术大师，其生活也是极为俭朴的。他的生活俭朴也是受到了良好家风的影响。梅兰芳的祖父梅巧玲、伯父梅雨田也都以俭朴持家的作风闻名一时。

1913年，梅兰芳首次赴上海演出获得巨大的成功，成为了名躁一时的剧界明星。当他回到北京后，祖母在吃年夜饭的时候语重心长地对他讲："咱们这一行，就是凭着自己的能耐挣钱，一样可以成家立业。看着别人

梅兰芳与祖母陈太夫人

梅兰芳一直牢记祖母的教诲，身体力行，一生从不贪图享乐，全心全力扑在自己的艺术事业上，可以说，勤俭持家的美德也是他达到极高艺术成就的一个重要原因。

梅兰芳很少吃非常丰盛的饭菜，平时饮食非常简单，他爱吃鱼虾之类及素菜。他的饮食习惯也与他的艺术生活息息相关，他中午一般吃得很少，为的是保证演出的质量，只有在晚上演出结束以后，才回到家里吃一顿比较丰盛的夜宵。

在穿的方面，梅兰芳也并不讲究。他曾对长子梅葆琛说过："对任何衣物都要爱惜，只要还能穿用，就不应弃旧换新。"在梅兰芳去世后的第二年，梅葆琛因哮喘病住入阜外医院治疗。出院之后，福芝芳拿给他一件羊皮袄让他穿上。当他穿上时总闻到袄子上有一股腥味，便向母亲问起，这才得知原来这是梅兰芳生前所穿的皮袄，皮统子是未经加

有钱有势，吃穿享用，可千万别眼红。常言说的好，勤俭才能兴家园，你爷爷一辈子帮别人忙，照应同行，给咱们这行争了气。可是自己非常俭朴，从不浪费有用的钱。你要学你爷爷会花钱，也要学他会省钱的美德。"

工的生羊皮。按梅兰芳的经济实力应该可以买一件更好的，但他讲究的是经济实惠，买下了这件皮袄御寒。葆琛也把这件皮袄一直珍藏在身边，以为留念，以父亲勤俭的精神时刻鞭策自己。

严师益友　诲人不倦

梅兰芳一生授徒百余，可谓桃李满天下，作为一位早已成名的艺术大师，梅兰芳对弟子们不仅在艺术上倾其所有，不遗余力地进行传授，更在生活上和事业上都是照顾得无微不至。

梅兰芳所收的第一个弟子，就是后来与自己并称"四大名旦"的程砚秋，程砚秋早年成名，后来因倒仓再加上班主的欺压，处境悲惨，几乎面临绝境，幸得名士罗

瘿公协助才渡过难关。为帮助程砚秋在演艺事业上进一步发展，罗瘿公邀请当时早已是名贯一时的梅兰芳将程砚秋收入门下，从此，程砚秋便成了梅兰芳的第一个弟子。此后，在"四大名旦"的评比中，师徒二人并列其中，也成为了一时美谈。

梅兰芳与弟子李世芳

带你走进博物馆

说起梅兰芳授徒，就不能不提起他和"小梅兰芳"李世芳的师生情谊。梅兰芳初次观看李世芳的表演是在1936年，当时，李世芳只有15岁，因扮相酷似梅兰芳，而被誉为"小梅兰芳"。梅兰芳主动提出要收李世芳为徒，梅兰芳非常喜爱李世芳，一有时间就把李世芳叫到他当时在上海居所的二楼"梅华诗屋"，亲自教授他各出剧目，为他排练各种身段。梅兰芳希望通过自己的演出让李世芳对自己的表演艺术加深体会，就对李世芳说："世芳，你可曾每场都来看师父的戏？你应该多看我的演出，因为这就等于在给你上课。我每天可以给你留上一张票。"在梅兰芳的言传身教下，李世芳受到很大的教益，在不长的时间里，艺术上有了极大的提高。

对李世芳的生活，梅兰芳也是倍加关怀。当时上海的物价一日三涨，而李世芳当时的叫座能力又不是很强，因此陷入了困境，连剧团的日常开支都出现了困难。梅兰芳不断地鼓励他："不要因此气馁，这种情况任何人都会碰到的，不足为奇，你也不要灰心，要振作精神，继续练功、吊嗓、唱好戏！"李世芳十分感激，深深感到了师生之间的情谊。为了帮李世芳摆脱困境，梅兰芳经常接济他。但考虑到这也不是长久之计，梅兰芳便想尽办法，向上海的观众介绍李世芳的艺术，曾多次公演《断桥》，让李世芳在剧中扮演青蛇，从此，李世芳的艺术才逐渐被上海的观众所接受。

1946年底，李世芳由上海乘飞机前往山东演出，在途中不幸遇难。听到这个消息，梅兰芳独自一人坐在屋中，默默流泪了一晚。梅兰芳又在上海组织京剧界人士，为悼念李世芳进行义演，将演出收入全部捐给了李世芳的家属，并在纪念大会上发言，表示对自己的爱徒的哀悼和思念之情。

带你走进博物馆

自传《舞台生活四十年》

梅兰芳是一代戏曲艺术大师，他的艺术生涯足以代表整个一个时代的戏曲艺术的风貌，因此，一直有很多人建议梅兰芳著书来总结自己的艺术生涯。早在20世纪30年代，就有人向他提议将他的演艺经历撰写成文，但当时他的工作重点放在编剧和演出上，对这样的提议并未采纳。1942年，梅兰芳由香港返回上海，友人旧事重提。梅兰芳此时闲

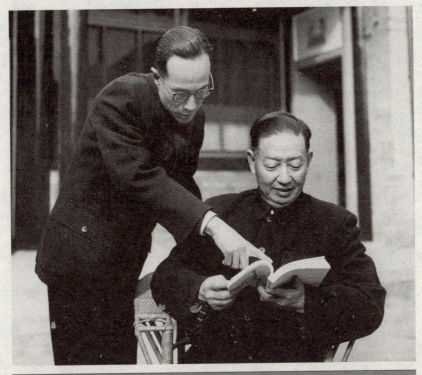

梅兰芳与许姬传探讨戏剧问题

居在家，时间上也比较充裕，再加上随着一些记忆的慢慢模糊，一些材料的逐渐遗失，梅兰芳觉得确有成书的必要了。然而他和许姬传两度试图动笔，都因为无法确定书如何写、写什么这些问题而搁浅了。

1949年8月，上海《文汇报》又一次邀约梅兰芳写一部回忆录。这次，文汇报派人与梅兰芳接洽的时候，梅兰芳有些为难，但并未拒绝，只说"要有个准备过程"。当时的梅兰芳社会活动频繁，又要演戏，写作也不是他的专长，在这种情况下，要完成一部宏篇巨作确非易事。经过一段时间的准备和与文汇报代表的多次洽商，最终决定梅兰芳口述，秘书许姬传执笔，最后由许姬传的弟弟许源来补充整理并润色。这样既不影响梅兰芳的正常生活，又能保证内容的真实性。

写作之初，梅兰芳对许姬传订下了几条写作原则：

一、要用第一手资料，口头说的和书本记载，详细核对，务求详实；

二、戏曲掌故，浩如烟海，要选择能够使青年演员和戏校学生从这桩故事里得到益处的；

三、不要自我宣传；

四、不要把党、政、军重要人物的名字写进去，不然，这么会使人感到借此抬高自己的身份；

五、不要空发议论，必须用实例来说明问题；

六、我们现在从清末谈起，既要符合当时的社会背景，又要避免美化旧时代的生活，下笔时要慎重。

本着这样的原则，梅兰芳和许氏兄弟开始了非常细致谨慎的写作工作，对于这部自传的写作，梅兰芳说："写文章决不能道听途说，掉以轻心，白纸黑字，流传下去，五百年后还有人指出错误，再说有关表演的事，大家以为我谈的是本行本业，应该没有错，这样以讹传讹误人子弟是更为内疚的。"其实这正体现了他谨慎、认真、负责的处世态度。

经过一年的努力，梅兰芳的自传体回忆录《舞台生活四十年》终于在《文汇报》上以连载的形式与读者见面，引起了广泛的关注。《舞台生活四十年》共三集，前两集连载在《文汇报》上，后来又出了单行本，第三集的部分内容分别连载在《戏剧报》和香港《文汇报》上。写完三集后，梅兰芳还有意继续写下去，但不幸的是，他过早的去世使他的这一心愿未能实现。

绝唱《穆桂英挂帅》

梅兰芳曾说过："继承并发展我们戏曲的传统，是我们戏曲工作者光荣的任务。"也正是在这种强烈的使命感的鼓舞下，梅兰芳在65岁的时候，仍旧焕发着艺术的青春，创排了京剧《穆桂英挂帅》。

1959年时值建国十周年，作为对建国的献礼梅兰芳和中国京剧院的李少春、李和曾、袁世海、李金泉等演员一起创排了《穆桂英挂帅》，由郑亦秋担任导演，这是第一次在京剧舞台上引入导演制，也是作为一种在戏曲艺术上的新尝试。梅兰芳在剧中饰演的穆桂英，是京剧舞台上从未出现过的老年穆桂英形象，融青衣和刀马旦为一体。梅兰芳当时已经年过花甲，由于对穆桂英老当益壮的英雄气概有深刻的理解和认同，因此在戏中把穆桂英的性格掌握得很准确。在剧中，梅葆玖唱旦角特扮小生，梅葆玥演生角特扮花旦，这样以取台上台下都是真儿女之意，成为一段佳话。

1961年5月31日，梅兰芳应中国科学院院长郭沫若的邀请，为科学家们演出了一场

带你走进博物馆

郭沫若与梅兰芳穆桂英妆照

《穆桂英挂帅》，不想两个月以后的 8 月 8 日梅先生便不幸逝世，这场演出竟成为了一代宗师的生命绝唱。

梅兰芳患病期间，党和国家领导人都表示了深切的慰问，周恩来总理甚至从北戴河疗养地赶回北京看望梅先生。梅先生逝世后，社会各界都进行了悼念活动。8 月 10 日，在首都剧场举行了公祭，陈毅副总理亲自担任主祭人。之后，又组成以周恩来总理为主任的治丧委员会，统筹安排梅先生的后事。最后，梅先生的遗体按照先生生前遗愿被安放在了香山。其秘书许姬传先生题写了"梅兰芳之墓"。至今，梅先生仍长眠在他生前最喜爱的香山山麓。

撰搞人：崔 婷　吕福海　汤静宜
责任印制：张道奇
责任编辑：许海意

图书在版编目(CIP)数据

梅兰芳纪念馆／梅兰芳纪念馆编著.-北京：文物出版社，
2008.1
（带你走进博物馆）
ISBN 978-7-5010-2341-7

Ⅰ.梅…　Ⅱ.梅…　Ⅲ.①梅兰芳（1894-1961）-生平事迹
②梅兰芳（1894-1961）-纪念馆-简介　Ⅳ.K258.78

中国版本图书馆 CIP 数据核字（2008）第 161572 号

梅 兰 芳 纪 念 馆

梅兰芳纪念馆 编著

文物出版社出版发行
（北京东直门内北小街 2 号楼）
http://www.wenwu.com
E-mail:web@wenwu.com
北京文博利奥印刷有限公司制版
文物出版社印刷厂印刷
新华书店经销
880 × 1230　1/24　印张：4
2008 年 1 月第 1 版　2008 年 1 月第 1 次印刷
ISBN 978-7-5010-2341-7　定价：20.00 元